悦读时光

CHAOJI ZIKONGLI:
GUAN HAO ZIJI JIU CHENGGONG

超级自控力：

管好自己就成功

弓 健 编著

北方妇女儿童出版社
长春

图书在版编目（CIP）数据

超级自控力：管好自己就成功／弓健编著．—长春：北方妇女儿童出版社，2015.1（2018.6重印）
（悦读时光）
ISBN 978-7-5385-8831-6

Ⅰ．①超… Ⅱ．①弓… Ⅲ．①自我管理－通俗读物 Ⅳ．①C912.1-49

中国版本图书馆CIP数据核字（2014）第265052号

出 版 人：刘 刚
策　　划：师晓晖
责任编辑：张 力
制　　作：日知图书（www.rzbook.com）
开　　本：787mm × 1092mm 1/32
印　　张：8
字　　数：160千字
印　　刷：北京佳诚信缘彩印有限公司
版　　次：2015年1月第1版
印　　次：2018年6月第4次印刷

出　　版：北方妇女儿童出版社
发　　行：北方妇女儿童出版社
地　　址：长春市人民大街4646号
邮　编：130021
电　　话：总编办：0431-86037970
发行科：0431-85640624

定　　价：18.00元

前言
Foreword

自控力，即自我控制的能力。指对一个人自身的冲动、感情、欲望施加的控制，它是一个人成熟度的体现。没有自控力，就没有好的习惯，没有好的习惯，就没有好的人生。

82岁的大文豪托尔斯泰悄然离家出走，却因为缺乏自理能力，病倒在一个荒凉的小站，几天后含恨辞世。这是为什么？美国第32任总统富兰克林·罗斯福，是美国历史上唯一一位残疾人总统。他创造了美国历史上空前绝后的纪录，总统任期长达12年。这是为什么？35岁之前，乔·吉拉德患有严重的口吃，换过40个工作，甚至做过小偷，开过赌场。这样一个人，竟然在短短的3年内成为世界上最伟大的汽车推销员，一直保持着销售汽车的吉尼斯世界纪录。这是为什么？

太多的为什么，让我们将注意力集中到“情绪的自我控制”上来。科学家认为，我们每个人都有两个大脑——感性的大脑和理性的大脑，两种智力——智商和情商。在我们思考、 采取行动时，智商和情商在同时发挥作用，缺一不可。

自控力的魔力是如何释放出来的呢？心理学家认为，自我情绪控制主要分为5个领域：认识自己、管理情绪、激励自己、识别他人以及处理人际关系。人们在这5个领域里表现出的能力各不相同。有人对自己有清醒的认识，有人却陷入“当局者迷”的窠臼；有人善于管理自己的情绪，有人却任大喜大悲的情绪泛滥；有人喜欢给自己加油鼓劲儿，有人却自暴自弃；有人具备同理心、通晓识人术，有人却不懂得察言观色、听不懂话外之音……

自控力对人的生活和命运影响极大。研究表明，情绪是人类做出某种行为的深层驱动力。积极的情绪能够引导我们乐观地对生活进行探索和思考，而消极的情绪则会起到阻碍作用。换言之，高情商的人更容易充满自信，热情洋溢地面对工作和生活，胜不骄，败不馁，从而更容易取得成功。然而，社会中却处处可见缺乏自控力的人——这些人可能拥有出众的容貌、傲人的学历、满腹的学问，却无法获得一个满意的工作岗位，无法达成一个小小的目标，甚至无法相信自己能够成功。他们的“病灶”在于自控力的缺失，自我情绪的放纵。

本书提供了一些修炼自控力的方法，自控力并不是与生俱来的，而是可以靠后天习得。自控力是一种能力，也是一种技巧，因此有规律可循，能够熟练掌握。只要我们多点儿磨炼，多点儿情感投资，就能够像“自控高手”一样，营造一个有利于自己生存的宽松环境，在工作和生活中游刃有余。

目录
Contents

Part 01

自我掌控从自我认知开始

从一出生开始，每个人就会面对这样一个问题：我是谁？自我认知是一个外延极大而又极容易让人迷失的概念，却又是每个人不得不面对的问题。只有解决了“我是谁”的疑问，才能学会自我掌控。

01

正确认识你的情绪

情绪是一把双刃剑，一方面它可以充实人的体力和精力，提高个人的活动效率和能力，促使我们健康成长，这是情绪对人的积极影响；另一方面，情绪也会使人感到难受，抑制人的活动能力，降低人的自控能力和活动效率。要想有效接纳情绪、转化情绪，首先你要认识到情绪的作用，了解自己的情绪。

苏格拉底的疑惑

希腊神话中，众神之王宙斯曾放飞两只雄鹰，让它们朝着相反的方向飞行，两只雄鹰相遇的地方就是地球的中心。结果，这两只鹰在希腊的特尔斐相遇，特尔斐从此被认为是地球上最接近神明的地方。太阳神阿波罗在特尔斐神庙发布神谕，对未来的事物做出预言。每当面临重大选择时，人们往往要去祈求神谕，来预知祸福。

哲学家苏格拉底的朋友凯勒丰曾去阿波罗神庙，向神提出一个问题：世上有没有比苏格拉底更聪明的人？负责传达神谕的祭司很干脆地说：没有。凯勒丰非常高兴，得意地把这个结果告诉了苏格拉底。苏格拉底却一点儿都不高兴，反而觉得困惑不安。他要找到一位比他聪明的人，来证明神谕出错了。

他先找到一位政治家。政治家自我标榜知识渊博，和苏格拉底高谈阔论，无所不谈。苏格拉底却从言谈中看出政治家深藏的无知的本质。他觉得，这位政治家没有认识到自己的无知，这是最大的无知和愚蠢。

接着，苏格拉底又找到一位诗人。诗人擅长吟诗作赋，却不喜欢学习，依靠自己的天赋，他觉得自己过得很好，没有人能够超越自己。苏格拉底鄙视他的目空一切，觉得他的智慧也比不上自己。苏格拉底又向一位技艺娴熟的工匠请教，然而这位工匠满足于自己掌握的一技之长，认为自己已经做得很好，不想再有什么进取之心。这种盲目自大掩盖了他固有的智慧。苏格拉底又一次感到了深深的失望。走访了许多人之后，苏格拉底终于领悟，神谕说他最聪明，并非意味着他最有智慧，而是指他知道自己是无知的。神希望以此告诫世人，每个人都需要正视自己的无知。只有认识到自己的无知，才有希望认识更大的世界。

特尔斐神庙的柱子上镌刻着一句名言：Learn to know yourself（认识你自己）。看来，在神话世界中，自我认知也是非常重要的。苏格拉底寻访智者的经历也是一条智慧之路，它告诉我们：许多时候，要想认识自己，首先要承认自己的无知。在此基础上，我们才能认识自己的情绪与内心。

斯芬克斯的谜题

希腊著名悲剧《俄狄浦斯王》提出了一个著名的斯芬克斯谜题。怪兽斯芬克斯向过往的路人抛出一个谜语：什么东西早上四条腿走路，中午两条腿走路，晚上三条腿走路？许多人都没能猜出来，最终悲剧地成了斯芬克斯的腹中美餐。四处流亡的俄狄浦斯站在斯芬克斯面前，猜出了谜底。斯芬克斯羞愧地坠崖而死。大家对这个谜语都不陌生，也都知道谜面指的是人的童年、中年和老年。然而，故事中很多人都没能猜出谜底。可见，我们对自己的认识是多么不足。提高情商的第一步，就是从认识自己开始的。认识自己的第一步，在于意识到自身情绪的产生。

日本有这样一个古老的传说。一位好斗的武士傲慢地问一位禅师：

“喂，你来解释一下，什么是极乐世界，什么是地狱。”禅师斥责道：“你这么粗鄙，我不屑于给你解释！”武士大怒，拔刀威胁禅师。禅师平静地说：“这就是地狱。”武士突然意识到，所谓地狱是指他被愤怒情绪所控制，于是把刀插回刀鞘，对禅师深鞠一躬。禅师又平静地说：“这就是极乐世界。”这个传说很有哲理。禅师虽然只说了短短两句话，却揭示出情绪失控的严重危害，以及意识到自身情绪发生的重要性。很多情况下，我们的情绪已经外露，自己却没有意识到，任凭情绪泛滥，这只会给我们带来负面的影响。要想掌控自己的情绪，首先要认识情绪，并能够解读情绪的影响。

中国自古就有七情六欲之说，所谓七情，指的是“喜、怒、哀、惧、爱、恶、欲”七种情感，也是人们最常见的七种情绪。

喜，即喜悦、高兴，能让人感到轻松和愉悦。这是人在需求得到满足时产生的一种愉快和欢乐的情绪。古人喜到极致时，可以“漫卷诗书”，高兴得几乎发狂。怒，即愤怒，会使人产生压抑、烦躁的感觉。如果人的需求得不到满足，或者正在进行的活动受到阻碍，往往会产生这种情绪。古人形容人发怒到最激烈的时候，头发会一根根竖起来，也就是“怒发冲冠”的由来。哀，即悲哀，会让人失落和痛苦。这种情绪的产生，往往是因为愿望无法实现，或者是失去重要的人与事物。古人悲哀时，会无端流下眼泪，甚至产生无处求生的感觉。惧，即恐惧。恐惧的情绪反映到生理上，会使人呼吸急促、心悸，甚至全身战栗。当人面临危险境地时，经常会产生恐慌与畏惧的情绪，并本能地想要逃避。爱，即喜爱，对人或事物有深挚的感情。看到自己喜欢的人和事物时，人们往往会产生爱心，并做出保护或依赖的举动。恶，即厌恶，对人或事物产生很大的反感。看到自己讨厌的人或事物时，内心往往会不舒服，希望远离。孔子看到高才生宰予堂而皇之地白天睡觉，厌恶之心顿时产生，斥责他道："朽木不可雕也。"欲，即欲望，对自己喜欢或者需要的东西表现出想要得到的冲动。不需要刻意压制自己正常的欲望，但过度的欲望容易引人走上歧途。

除此之外，情绪还有羞涩、低落、痛心疾首的表现。一个人的情绪状态通常是多种情绪的综合，比如与情人一起进餐，便包含了喜爱、高兴等几种情绪；做错了事情之后，又会产生内疚、自责、后悔等多种情绪。

打开约哈里窗户

美国著名心理学家约瑟夫·勒夫特和哈林顿·英格拉姆合作提出"约哈里窗户"理论。这个理论将人们对自己的认识分为四个区域：开放区，即自己知道、别人也知道的信息；盲目区，即自己不知道但别人知道的信息；隐秘区，即自己知道但别人不知道的信息；未知区，即自己不知道、别人也不知道的信息，也就是所谓的潜意识。这四个区域排列成"田"字形，看上去就像一面窗户。

约哈里窗户不是固定不变的，通过内部和外部的努力可以改变四个区域的分布。心理学家认为，要提高自我认识，就要逐步扩大开放区，缩小盲目区和隐蔽区，探索未知区。也就是说，逐渐让别人了解自己，在与他人的互动交流中，突破思维局限，挖掘个人潜能，探寻未知的自己。

认识自我主要可以通过两种途径来完成：第一种是与自己纵向比较，第二种是与他人横向比较。与自己纵向比较，意味着把过去的自己、现在的自己、期望的未来的自己三者进行比较。如果已经取得的成绩和追求的目标相一致，甚至高于目标，人的自信心就会增强。相反，如果取得的成绩低于预期的目标，自信心就会降低，并对自己产生不满。情商高的人，善于每天自省，找出自己的进步，以此来勉励自己。

刘强大学毕业后进入一家外资公司。当他被任命为市场部经理时，他对自己一点儿信心都没有。他以经验不足为由向老总推辞，老总却告诫他，只要每天进步一点点，他就一定能胜任这个职位。刘强依然担心自己不胜任。老总让他先试试看，每天工作结束后，试着做俯卧撑，并且每一天都要比前一天多做5个。刘强诚惶诚恐地接受了这个职位。从此，他按照老总所说，在一天工作结束之后，无论多忙多累，都要认真总结当天的经验教训，找出进步之处；并且坚持做俯卧撑，一定要比前一天多做5个。 随着时间的流逝，刘强的进步越来越大，终于使公司的市场大大开拓，取得了惊人的业绩。这时，他做俯卧撑已经从最初的32个，进步到了500个。俯卧撑个数的增加，见证了他的工作能力的增长。

与他人横向比较，意味着把自己和别人进行比较。需要注意的是，我们拿来比较的条件，应该是通过后天努力可以改变的。有些因素，比如家庭出身、相貌身高等，无法改变，也就没必要比较，硬比的话只能给自己徒增烦恼。人们都有一种心理倾向，不由自主地拿别人的条件来衡量自己，并对自己做出评价。女孩们看见美女，很自然会想：她的眼睛比我大，但她的身材没我好；男孩们看见男性明星，也会自然地进行比照：他的衣着比我时尚，但他的个头儿不如我高。

美国曾有人做过一个实验：先请参加实验的人根据指定的几方面品质对自己做出评价，然后把这些人分为两组。每组人面前出现一位男士。第一组出现的男士西装革履，气质优雅，昂扬自信，说话彬彬有礼；第二组出现的男士衣着邋遢，办事畏畏缩缩，显得十分落魄。这两位男士装作前来办事，很快就离开了。他们离开后，实验者又请两组人再次就同样的品质进行自我评价。结果，第一组人的自我评价比之前降低了，而第二组人的自我评价比之前提高了。这个实验证明，社会比较往往是在无意识的状态下进行的，却能够对个人的自我认识产生极大的影响。

做一个内心旁观者

要想了解自己，首先就要进行客观的自我观察。当你可以耐心、客观、真诚地观察自己的内心，而不让自己为习惯或者情绪所左右的时候，你才能真正成为自己的主人。

关注三个“我”

要想认识自己，需要进行自我观察，持续关注自己的内在心理。每一个独立的“我”都由三部分组成：自己眼里的“我”、别人眼里的“我”、自己心中的“我”。对自己的全面认识需要包含这三个方面。当局者迷，旁观者清。自我观察容易流于主观，受自己的情绪左右，对自己的认识会产生某种程度的扭曲。这时候，我们应该跳出自己，站在旁观者的角度看自己，才能做出客观的评价。

中国父母很少表扬孩子，他们认为指出孩子的不足之处对孩子的成长更加有利。李旭的父母就是这样。不管李旭做什么，父母都不会去表扬他，总是说“这次还有很多地方做得不够好，下次要继续努力”。要是李旭只考了80分，父母会说考90分才了不起；而如果李旭下次考了90分，父母又会说100分才算优秀。久而久之，李旭逐渐形成了这样的自我评价——不管怎么努力，我总是做不好。

带着这样的自我评价，李旭在求学过程中得过且过，不肯追求完美。尽管他也曾想获得好成绩，但在他看来，好成绩对应的是高能力，而自己能力不够，即便付出再多，也得不到相应的回报。因此，他的成绩总是徘徊在中等，不至于落到最后，也不会名列前茅。

毕业后进入一家公司，李旭依然停留在最初的思维。每次接到一份有挑战性的工作，他都会想：“我还不够好，如果把事情搞砸，大家都会嘲笑我，就会有更多的人知道我能力不足。让别人去做吧，我还是做力所能及的事儿好了。”一次，公司同时上马几个重点项目，人力严重不足。经理希望李旭能参与其中一个项目，承担比较重的任务。李旭却以同样的理由回绝了经理。

李旭的大学同学小王目睹了整个过程，觉得很奇怪，因为公司里的同事们都在拼命争取重点项目，而李旭却轻易地把送上门的机会放弃了。下班后，他把李旭约出来，想和他谈谈。“李旭，我觉得你总是很轻易地放弃很多机会，为你感到惋惜。”小王开门见山。

“机会？我哪里有什么机会？你在跟我开玩笑吧。”李旭觉得很好笑。进公司两年多了，他一直做比较简单的工作，从未感觉到机会来敲过门。

“我很负责地说，这次你拒绝了经理的安排，就是放弃了一个好机会。”小王干脆直接把话挑明。李旭依然觉得小王在开玩笑。在他看来，自己的能力达不到，经理的安排是不可能完成的任务，怎能算得上一个机会呢。

小王很认真地说：“上大学时，有一次咱们班举办舞会，海报都贴出去了，赞助方突然要撤销赞助，眼看着没钱办，大家都着急得要命。你还记得最后是怎么解决的吗？”

李旭想了想，说：“好像是我去找赞助方，重新跟他们谈了好长时间，他们认为回报不够，还是拒绝。没办法，我只好临时找了一家眼镜店来赞助。因为赞助金额变少，还削减了舞会的预算。”

“对啊，眼看着舞会举办不成了，连辅导员都说没有赞助的话就必须取消。大家都想放弃了，只有你坚持去找赞助，最终咱们的舞会很成功，不是吗？在关键时刻坚持，这不是能力的表现吗？”

李旭想了想，觉得小王的话也有道理。

小王继续说下去：“进公司以后，一次经理让咱俩同时承担一个项目，我做核心任务，你做外部保障。你的保障工作做得特别细致，基本消除了我的后顾之忧，让我把全身心都投入到了项目上，最后才圆满完成了任务啊。”

李旭惊讶了，他没想到原来自己的工作这么有意义。

“这次经理让你承担这个项目，也是看好你的实力。你为什么不能给自己一次机会，挖掘一下自己的潜力呢？”小王问。李旭陷入了沉思。他眼中的自己，能力不足，不够完美，无法承担重任。而在好友小王看来，李旭在关键时刻能够坚持，想法周密，做事细致认真，具有很多优秀的品质。李旭身上存在的问题，就在于消极地自我评价先入为主，蒙蔽了双眼，导致自己不能客观地看到自己优秀的一面。要想提高情商，就必须观察三方面的“我”，给自己一个客观的评价。

莫被情绪的浪潮吞没

冷静地自我观察时，可以感觉到自身情绪的波动，并对产生的情绪有一定认知，从而产生自我意识。比如老板宣布将有人取代你目前的职位，你第一时间感觉到愤怒，同时意识到愤怒对自己不利，这就是自我意识的表现。

对情绪有了自我意识后，便会有两种处理方法：要么被动处理，被情绪吞没；要么主动处理，掌控情绪。被情绪吞没的人往往迷失在自己的情绪中。他们意识不到自己的情绪，也无法控制自己的情绪。压抑和情绪失控经常困扰他们，负面情绪的阴影也总是笼罩着他们。一个情商高的人，会努力做到后者。即便一时掌控不好情绪，也绝不会成为情绪的奴隶。

美国西部草原上有一种吸血蝙蝠，是野马的天敌。这种蝙蝠经常围着野马上下翻飞，看准机会就附着在野马身上，爪子牢牢抓住野马的皮肤，尖利的嘴刺进野马的血管。野马拼命踢蹄子，用身体撞树，在草原上狂奔乱跳，却对蝙蝠无可奈何。最终，野马筋疲力尽，在怒气冲天的状态下，倒地死去。其实蝙蝠吸取的血液并不足以置野马于死地，使野马走向死亡的，是它自己暴怒的情绪。

昔日的美国拳王泰森，以暴戾的情绪闻名世界。他曾在比赛场上咬伤了对手的一只耳朵，曾经失去理智般肆无忌惮地挥霍钱财，也曾几次因为与人打斗遭到拘留。在人们眼里，他就像是一只野兽，对自己的情绪毫无控制，任凭狂乱的情绪将自己吞没。然而，这位曾令对手闻风丧胆的拳王，从养鸽子中寻找到了沉稳与安宁。泰森养了3000多只鸽子，每天给它们喂食、喂水、打扫鸽舍。一闲下来，泰森要么在网上寻找并订购新的鸽种，要么打电话给好朋友炫耀一下自己的宝贝，或者干脆坐在鸽舍旁，听着鸽子们的嘀嘀咕咕，陶醉其中。

谈起养鸽子的学问，泰森讲得头头是道，俨然一个专家的样子。他的家原来在亚利桑那州的凤凰城，那里限制每家只能养40只鸽子。为了自己心爱的鸽子们，他举家迁到拉斯维加斯，建起了三个现代化的鸽舍——全部无线操纵，可以自由升降。泰森的大手曾经多次将对手击倒在拳击台上。而现在，他用这双手温柔地抓起一只鸽子，仔细端详片刻，再放开。“只要你抓住小鸟的腿，它就会放弃抵抗。”他对前来采访的记者说。

这位曾经在十几秒钟内打倒对手的拳王，比赛时讲究速战速决。然而，他为了鸽子，慢慢地培养起自己的耐心。他经常清早起床，带着自己的鸽子们去几英里之外，然后将它们放飞，然后驱车回家等着它们回来。最远时，他曾开车去了500英里之外。等鸽子回家的过程十分难熬，他总是坐立不安，期待着自己的宝贝们，又有些忧心忡忡，担心它们迷路。当天空中划过清亮的鸽哨声时，他总是兴奋地大步走出屋子，迎接凯旋的鸽子们。养鸽子还让泰森成为素食主义者，逐渐走向自然。如果泰森再次走上拳击台，想必他会变得温和，不会再是那个喜怒无常的野蛮拳王了。

丑小鸭也能变成天鹅

安徒生著名的童话《丑小鸭》，讲述一只生在鸭群里的丑小鸭，由于自己长得太丑，遭到所有伙伴的嘲笑，还受到自己兄弟姐妹的欺侮。在巨大的压力之下，丑小鸭离开家去流浪。在野鸭群和雁群里，它都没有获得应有的尊重，只好在一间农家小屋里忍气吞声地生活，忍受鸡和猫的奚落。最后，它再度流浪，来到美丽的湖边，看到一群南飞的天鹅，再也无法忘记它们。经过一个寒冷的冬天，丑小鸭再次看到这群天鹅。它不顾生死地飞向它们，才发现自己原来并不是丑陋的鸭子，而是一只美丽的天鹅。这篇童话发表后，被翻译成多种语言，受到了世界各地读者的喜爱。人们从这篇童话里，感受到了丑小鸭追求爱与美的决心，解读出了丑小鸭不为环境所动、坚守内心的执着与坚定。

人是社会中的动物，为人处世或多或少会受到环境的影响。完全不受环境影响是做不到的，而如果太在意周围的环境，真实的自我就容易被遮掩。如果丑小鸭过度关注身边的环境，就会忽视自己本来是天鹅的真相，有可能就此沉沦，放弃了前进的步伐，从而错过化茧成蝶的神奇蜕变。

安徒生本人也是一只“丑小鸭”。他的父亲是一名穷鞋匠，在他十几岁时因病去世。当洗衣工的母亲不久改嫁。迫于生活的压力，安徒生先后进入几家店铺做学徒，靠着极其微薄的收入糊口。他虽然没有受过正规教育，却希望有一天能成为歌唱家或者剧作家。14岁那年，安徒生拒绝了母亲让他去做裁缝学徒的安排，带着微薄的路费独自离家，来到首都哥本哈根，开始追求自己想要的生活。

很快，这位漂泊在异乡的少年发现当演员的道路实在坎坷。他求人给著名的芭蕾舞演员写信，请人家收自己为徒，却遭到拒绝。他又独自面见皇家剧院的经理，要求一个演员的职位，被经理无情地赶出门外。周围的人都嘲笑他，劝他放弃做演员的念头，他却不为所动。终于，他找到一个机会，进入了歌唱家西博尼开办的歌唱学校，并由此在哥本哈根皇家剧院谋得了一个小配角。遗憾的是，一场大病损害了他的声带，当歌唱家的希望就此破灭了。

17岁时，安徒生写出一个自己比较满意的剧本，高兴地送给评论家们看。在评论家们眼里，这个剧本不讲究韵律，还有很多语法错误，简直令人无法卒读。然而，剧本中偶尔闪现的一丝灵感让他们觉得，也许这个年轻人深造之后，能给大家带来一个惊喜。在他们的帮助下，安徒生进入了拉丁文学校，开始系统地学习语言。

安徒生周围的同学都是低龄的孩子。和他们在一起，安徒生感觉不到任何的快乐。除了年龄上的差距，他的外地口音和欠妥的礼节，也常常成为被嘲笑的对象。“丑小鸭”安徒生不在意别人的眼光，而是将时间和精力投入到学习和阅读中。他努力背诵繁复的拉丁文修饰语，如饥似渴地阅读拜伦、海涅等人的大作。其间，他发表的诗歌大受好评。毕业后，安徒生的喜剧《在尼古拉耶夫塔上的爱情》公演，博得满堂喝彩。这位昔日的“丑小鸭”，终于迈出了通往“白天鹅”的第一步。

几年后，安徒生开始反思自己的创作道路，决定将童话作为自己的创作方向。他希望通过自己的努力，给孩子们带去童年的快乐。1835年，他的第一本童话集出版，从此一发而不可收。安徒生写童话写了43年，有168篇作品问世，被译成80多种语言，成为世界著名的童话大师。

在安徒生的一生中，有很多转折点。只要他在任何一个点被环境和周围的人所左右，就无法取得后来的成就。幼年时的白天鹅只有坚守自己的内心，才能迎来美丽蜕变的那一天。

自省，看清魔镜中的自己

“见贤思齐焉，见不贤而内自省也”，是孔子提出的一种自我道德修养的方法，也是自我情绪控制的有效手段。所谓的自省，就是通过自我评价、自我反省、自我批评、自我调控和自我教育来引导自己的思想言行，控制自己的负面情绪，从而达到看清自己、提高修养的目的。

解除内心束缚

有两只体态相似的狗，走到两面镜子前。站在凸透镜前的狗，看到镜子里的自己被放大，顿时不可一世，趾高气扬；站在凹透镜前的狗，看到镜子里的自己太渺小，马上垂头丧气，悲观失望。人生在世，总会遇到不同的镜子，受不同的形象限制，内心也会受到束缚。只有拨开表面的假象，才能解除内心的束缚，触摸到真实的自己。

峨眉无相禅师在云游时感到口渴，四下张望，发现一名青年在踩水车，于是上前向青年讨了一杯水。青年和禅师攀谈起来，羡慕地说："禅师，如果有一天我看破红尘，一定会出家学法。不过我会找一所寺庙隐居，参禅打坐，彻底脱离世俗，不会像您一样云游四方，还生活在红尘中。"

无相禅师笑着问："那你何时会看破红尘呢？"

青年说："如果有一个人能接替我来照管水车，我的任务就完成了，到时候就可以出家了。只不过现在还有世俗的牵绊罢了。"

禅师注视着正在转动的水车，又问："那请你说说，如果水车全部浸在水里，或者完全离开水面，会出现什么情况？"

青年答道："水车全部浸在水里后，无法转动，还可能被水冲走；如果完全离开水面，是车不上水来的。"

无相禅师拊掌笑道："这就是个人和世俗的关系啊。如果一个人完全生活在世俗中，沉浸于红尘中，很容易被欲望淹没；可是如果完全出世，彻底脱离红尘，那就像离开水面的水车，失去了源头和根基啊。"

表面上看来，无相禅师是在回应青年希望出家后便隐居的想法。我们还可以对禅师的话做另外一番理解，就是既然没有人能完全脱离世俗的影响，那么只要时时处处反思内省，无论身处何地，都可以参悟佛法；只要解除内心的束缚，去除心灵的蒙尘，那无论何地都可以清心修为。

再讲一个佛经中的故事。禅宗五祖弘忍年事已高，想在座下弟子中找一个有慧根的，把衣钵传给他。于是，他命弟子们各作一首偈语，来检验他们的修为。大弟子神秀诵道："身是菩提树，心是明镜台，时时勤拂拭，勿使惹尘埃。"弘忍听后，点点头，但不发话。

未来的六祖慧能此时正在厨房舂米，得知此消息后，也吟诵一首偈语，请人题写在壁上，道是："菩提本无树，明镜亦非台，本来无一物，何处惹尘埃。"弘忍见后大加赞赏，便将衣钵传给了慧能。

认识自己是一项浩大的工程。在这个过程中，人们很容易受到周围环境的影响，被环境中的噪声所干扰，导致无法对自己形成客观的认知。为此，必须释放自己的心灵，才有可能拨开重重迷雾，解读出真实的自我。

曾国藩的修身之法

尼采说："聪明的人只要能认识自己，便什么也不会失去。""约哈里窗户"理论提倡要对别人开放。其实，对自己开放也特别重要，没有人能够愚弄自己。自我观察并不是刻意地压抑情感，而是检验自己的情绪是否符合当时的情境。心理学家克拉克森说："生活中没有失败一说，任何事情都是成功的，它们都是可学习的经验。"从错误中吸取教训，就没有失败。而吸取教训的前提，是常规性的自我反省。

孔子提倡自省。《论语·里仁》中记载了他的语录，道是"见贤思齐焉，见不贤而内自省也"。意思是，见到贤能的人，就要想到赶上他；见到不贤的人，就要好好反省自己，洁身自好。他的弟子曾参在此基础上进一步发展了他的思想，说道："吾日三省吾身：为人谋而不忠乎？与朋友交而不信乎？传不习乎？"曾参认为每天要多次反省自己：做人是否足够忠诚，与朋友交往是否言而有信，学到的知识是否经常复习。经过不断的反省，人才能不断地修正自己，取得进步。

清末名臣曾国藩在历史上受到的评价褒贬不一，但这不妨碍他成为后人修身自省的模范。他习惯把自己的心路历程记入日记，并在日记中给自己列出十二条规矩，内容如下：

一、主敬：整齐严肃，无时不惧。无事时心在腔子里，应事时专一不杂。清明在躬，如日之升。意思是：衣冠保持整齐，神情端正严肃，时时刻刻要保持警惕。检查自己内心是否出现闲杂的念头，做事时专心致志，心无旁骛。这样就可以保证旺盛的精神，像早晨初升的太阳一样。

二、静坐：每日不拘何时，静坐四刻，体验来复之仁心，正位凝命，如鼎之镇。意思是：静坐养性，每天不管什么时候，静坐一小时以上，体验圣人教诲的仁心，使思想不越位，就像宝鼎一样镇定而不可动摇。

三、早起：黎明即起，醒后勿沾恋。意为黎明就要起床，醒后不要留恋安逸。

四、读书不二：一书未完，不看他书，东翻西阅，徒务外为人，每日以十叶（应为"页"）为率。这一条强调读书要专一，一本书还没读完时，不看其他的书。东翻西看对自己没有好处，每天至少圈点十页。

五、读史：丙申年购《廿三史》，大人曰：“尔借钱买书，吾不惜极力为尔弥缝，尔能圈点一遍，则不负我矣。”嗣后每日圈点十叶（应为“页”），间断不孝。这一条讲述了《廿三史》是借钱购得，曾国藩的父亲为他还账，并告诫他如果能圈点一遍，就不辜负自己的心意了。为此，曾国藩决定每天圈点十页，如果有间断，就是不孝的行为。

六、谨言：刻刻留心，第一功夫。意为说话谨慎，时刻要注意，这是为人处世的第一等功夫。

七、养气：气藏丹田，无不可对人言之事。意为培养自己的真气，正大光明，没有什么事不能对别人讲。

八、保身：十二月奉大人手谕曰：“节劳，节欲，节饮食。”时时当作养病。这一条强调保持身体健康。十二月接到父亲的家书，要求节制操劳，节制欲望，节制饮食。要时时刻刻像养病时一样对待自己的身体。

九、日知所亡：每日读书记录心得语，有求深意是徇人。意思是每天都要了解未知的内容。读书要记录下心得感想，不要刻意从书中挖掘深意，否则就是屈从于他人。

十、月无亡所能：每月作诗文数首，以验积理之多寡，养气之盛否。不可一味耽著，最易溺心丧志。也就是说，每个月都要复习已经学会的知识，写作几首诗歌或几篇文章，来检验学到的知识是不是足够多，培养的真气是否充足。不可以一味地拖延，否则容易将自己的志向消磨殆尽。

十一、作字：早饭后作字半时。凡笔墨应酬，当作自己课程。凡事不待明日，愈积愈难清。强调每天早饭后练习一小时书法，把文字方面的应酬当成自己练习书法的机会。今天的事情一定要今天处理完，不要等到明天，否则越积越多，越难以清理。

十二、夜不出门：旷功疲神，切戒切戒。也就是晚上不出家门，拒绝过度的应酬，否则容易使自己劳累，耗损精神，影响第二天的精神状态。

这十二条规矩涉及读书、修身、保养、功课等多个方面。他要求自己逐项做到表中列出的内容，并记在日记里，以此来督促自己，同时也能加强自己持之以恒的毅力。曾国藩前后写了33年日记，目前已成为后人学习效仿的对象。

自我认知九宫格

写日记是认识反省自己的有效手段。每天记录下自己的所作所为、所思所想，有时间翻一翻，有助于了解自己的性格优点和缺点，从而有针对性地努力，完善自己的性格。不过，现代生活节奏越来越快，能坚持写日记的人渐渐变少了。

时下，人人网和开心网等社交网络流行一种九宫格日记。与传统日记不同的是，九宫格日记模板分为九个方格，正中央的方格记录日期和天气，其余八格内容可以由写日记的人自己设置，例如开心的事、为别人做的事、计划和备忘录、心情感悟、饮食体重等。九宫格日记写起来很方便，短短的一句话甚至几个词，就可以快速总结自己的一天。

九宫格日记强调的是要关注自己。虽然我们每个人都知道自己应该关注什么，但实际生活中未必会去主动执行。写日记则会让人不断反省，调整自己的行为。比如记录下自己每天的饮食和身体情况，能强迫自己关注自己的健康，合理地调整饮食，安排体育锻炼。

如果你觉得这种九宫格还不足以让你看清自己，那我们可以自己制作一个侧重于自我认知的九宫格日记。中间的方格记录当天的整体心情，其余八格可以设置为以下内容：一天内感受到的最强烈的情感，感受到这种情感时的场合，这种情感支配你做出的反应，这种反应是否合适，其他人的反应，自我控制力如何，是否感觉到自身的价值，性格中的哪一面还有待完善。当然，你还可以根据自身的情况来调整内容，使它能够更好地为自己服务。

九宫格日记的最大优点，就是将生活中的经历分门别类，通过日记的记录帮助你看清自己的内心，反省自己的行为，并督促你完成计划、达成目标。如果你能每天晚上闲下来后，坐在电脑旁写一写自己的九宫格日记，回忆一下自己在一天里的开心和郁闷、助人与受助情况、体重和健康状况，作为一天的结尾，那时间长了，你一定会更加全面地认识自己。如果你愿意跟自己的朋友分享日记，从他们的评论中找出自己的优点和不足，从而发扬优点，改正不足，那就更好地达到了目的。

王后的魔镜不说谎

格林童话中著名的《白雪公主》的故事，记录了王后和魔镜的对白。王后问魔镜：“谁是世界上最美丽的女人？”魔镜回答：“尊敬的王后，您无比美丽，但白雪公主比您美丽十倍。”这个回答激发了王后的嫉妒。她不惜一切代价要除掉白雪公主，目的就是让魔镜承认自己是世界上最美丽的女人。

魔镜从不说谎，虽然王后不断想办法刺杀白雪公主，并认为白雪公主已经死亡。魔镜还是一次又一次告诉王后，白雪公主依然活着，比她美丽十倍。这虽然为白雪公主招来了新一轮的灾难，却也说明，别人的眼睛是雪亮的。要想认识一个完整的自己，除了自省，也要关注别人的评价。

1793年，23岁的黑格尔从图宾根神学院毕业时，收到了这样的评语：“黑格尔，健康状态不佳，中等身材；不善辞令，沉默寡言；天赋高，判断力健全，记忆力强；文字通顺，作风正派，有时不太用功；神学有成绩，虽然尝试讲道不无热情，但看来不是一个优秀的传道士；语言知识丰富，哲学上十分努力。”这段评语仅仅百字左右，却十分清晰地指出了黑格尔的优势与不足，并预言了他未来的发展方向。在这之后，黑格尔果然没有选择做一名传道士，而是在哲学上继续努力，成为享誉世界的哲学家。

在前文中，我们说要想客观地认识自己，需要尝试做一个内心的旁观者。不过，这样做的确有一定的难度。如果诚恳地听取别人的建议，从别人的评价中认识自己，那获得的自我认知会更有效，也更全面。当然，我们需要仔细分析别人的评价，否则也会迷失自己。

《战国策》中记录了这样一个故事。齐国大臣邹忌早上醒来，照着镜子，觉得自己很美。想起举国有名的美男子徐公，他又有点儿不自信。于是，他先后询问自己的妻子、爱妾以及客人，自己和徐公相比，到底谁更美。大家都说他最美，徐公比不上他。邹忌有点儿飘飘然。第二天见到徐公，邹忌仔细端详，觉得徐公的容貌仪态远远胜过自己。他从头到尾地思考了这件事，明白了妻子之所以说他更美，是因为偏爱他；爱妾说他更美，是因为畏惧他；客人说他更美，是因为有求于他。

邹忌能够客观地反思自己，实为难得。更难得的是，他能够借此事联想到国家大事，并由此向齐威王进谏。他先讲了这件事的来龙去脉，进而说道："现在咱们齐国方圆千里，有一百二十座城池。您身边的宫女没有不偏爱您的，朝廷里的大臣没有不畏惧您的，周围的小国没有不有求于您的。这样看来，您会受到很严重的蒙蔽。"齐威王也是一位难得的开明君主。他觉得邹忌所言很有道理，于是下令让大臣和百姓们进谏，并设定了赏赐的等级。这个命令一下，大家纷纷就国家大事发表意见，门庭若市。随着时间的推移，进谏的人越来越少。一年之后，齐国的政治面貌有了极大改观。周围的小国纷纷臣服，齐国自此跃入强国之列。

坚守你的内心世界

现实世界中有太多诱惑，太多的蛊惑。面对纷纷扰扰的言论，保有一份理智的自信，不迷信于所谓“专家”“大师”的宣传，不盲从于身边朋友的鼓动，坚守自己的内心世界变成了一件难能可贵的事情。

百发百中的“巴奴姆效应”

先来读读下面这段文字，看看你能不能对号入座。

你是一个需要别人好评的人。尽管外表看上去，你总是一副信心满满的样子，但是潜意识里，别人对你不经意的一句夸奖都能让你高兴好长时间。你还有很大的潜力尚待挖掘。尽管目前你已经取得了不错的成绩，但你相信，经过努力，你还能获得更大的进步。当然，有时候你有一点儿拖延症，但事情总会按时完成，不出岔子。

你经常和周围的人打成一片，不管是不是熟悉。你喜欢和大家天南海北，无所不聊，但有时候你又很腼腆，克制自己的言行举止。

你经常激情四射，容易冲动，却又常常将冲动置于理智的控制之下。看上去有点儿矛盾，你也常常为此纠结。你行动总是很积极，不过有时会缺乏事先周密计划的谨慎态度。

你有很高远的目标，不过有些看上去不太切合实际；你对爱情有美丽的憧憬，很多情况下却所遇非人。

……

这段文字的描述，是不是在很大程度上与你的性格相符合呢？你也许很想知道其中的原因。其实，这种模棱两可又有点儿辩证色彩的评价，几乎适合每一个人。这种有趣的现象，心理学上称为“巴奴姆效应”。

美国心理学家巴奴姆曾做过一个实验。他在报纸上刊登了一则有趣的广告，说自己是占星家，能够测出每一位不相识的读者的性格。广告刊出后，他收到了来自全国各地的信件，并寄出了几百份评语。紧接着，有两百多人回信感谢他，说他的评语十分准确。可是，巴奴姆寄出的评语都是完全相同的：“您非常需要得到别人的好评，希望被人赞赏，但有时会失望。您身上蕴藏着无穷的潜力，发挥出的却不多；您会有烦恼，甚至犹豫动摇，但关键时刻您还是坚定不移……”

这样的评语怎么会不灵验呢？巴奴姆准确洞察了人的内心，抓住了人们共同的心理特点。谁不希望得到别人的赞赏？谁不认为自己身上还蕴涵着巨大的潜力？谁对生活没有美好的期待呢？几乎每个人都愿意接受这种评语，而这种评语又几乎适合任何人。巴奴姆很好地把握了一个原则，就是概括性的分析，因为每个人的性格都是多重的，这种分析总有一点儿会命中。

“巴奴姆效应”告诉我们，大部分人愿意认为，心理测验做出的性格分析或专家通过分析星座、血型等得出的结论，不管多么概括，都是正确的。

由此，不难解释如今社会上兴起的“星座热”。人们喜欢通过星座来分析自己的性格特点乃至运势，只要分析结果有一点和自己相契合，便大呼“好准”，乃至对星座命理产生迷信，甚至达到了不看星座运势不出门的地步，可笑又可叹。

不迷信，不盲从

摆脱巴奴姆效应的重点，在于充足的自信。每个人都是独一无二的，与其迷信星座命运，盲从他人的意见，不如在充分的自我认知的基础上，坚守自己的内心。

日本著名的指挥家小泽征尔年轻时参加过一个世界优秀指挥家大赛。他按照组委会交给他的乐谱指挥演奏，却敏锐地听到了不和谐的声音。“对不起，请停下来。”他示意乐队重新开始，可还是不对劲，流畅的旋律中掺入了不和谐的音符。他断定，一定是乐谱有问题。

“我认为乐谱出现了问题，”他直视着评委们，提出了自己的看法。“乐谱怎么可能有问题？这可是世界级的比

赛。”评委们提醒他，甚至有人开始嘲笑他不懂音乐。

小泽征尔略微思考了一下，认定是乐谱的错。他斩钉截铁地说：“不，一定是乐谱错了！”话音刚落，评委们集体起立，报以热烈的掌声，祝贺他夺魁。

原来，这是评委们设置的“圈套”，来检验指挥家们在发现错误并遭到权威人士否定时，是否能坚持自己的主张。对于一位世界级的音乐家来说，自信是必不可少的要素。前几位参加比赛的指挥家虽然也发现了错误，却要么没敢指出来，一直将乐谱演奏完毕；要么屈从于权威们的意见，没能坚持自己的看法。只有小泽征尔不仅拥有出色的音乐才华，而且表现出坚定的自信，从而摘得了这次比赛的桂冠。

自信是成功的必备要素。小泽征尔成于此，美国前总统尼克松却败于此。1972年，尼克松竞选总统连任。在任期内，他成功结束了使美军陷入泥潭的越南战争，并改善了与中国的关系，获得了很多人的支持。然而，面对竞争对手，尼克松却没办法保持自信。

尼克松的不自信由来已久。1960年，他与肯尼迪竞选总统。肯尼迪出现在电视上时，精神焕发，神采奕奕，演讲头头是道，十分有感染力。而尼克松对电视辩论没有充分准备，加上化妆失败，显得老态龙钟，愁眉苦脸。最后，尼克松败下阵来。面对连任竞选，尼克松对自己的口才一点儿信心都没有。他担心自己重蹈当年的覆辙。为了知己知彼，他竟然派人在对手民主党的大楼里安装了窃听器，掌握对手的一举一动。不料，他的手下在潜入民主党的大楼时被发现，继而被捕。《华盛顿邮报》的两名记者顺藤摸瓜，逐渐揭开了事情的真相，全美国人民为此震惊。舆论纷纷要求尼克松下台，最高法院做出了不利于尼克松的裁决，国会也要弹劾他。在巨大的压力之下，1974年8月，尼克松宣布辞职。他的不自信，毁掉了自己的政治前途。

修剪你的欲望

安东尼·罗宾斯曾说过：“成功的秘诀就在于懂得怎样控制欲望，而不为欲望所反制。如果你能做到这点，就能掌握住自己的人生，反之，你的人生就无法掌握。”如果我们渴望拥有非凡的自控力，应该认真思考安东尼这句话。太多人都是被自己的情绪所累，成为“心”的奴隶。患得患失，杞人忧天，焦虑烦躁……

欲望应该是可控的

我们必须肯定欲望的存在。真正“无欲无求”的人是很少的，要是对任何东西都没兴趣，生活还有什么乐趣可言？但是，难就难在掌握欲望的“度”。

在农作物的种植中需要遵循一个原则，无论是苹果还是西瓜，一个枝蔓上是不能留太多果实的。你需要留下少量的优质的幼果，剪掉劣质的，以保证有限的水分、养料和阳光被那几个存留的果实充分吸收，长出最好的果实。如若都留下，那些果子都长不好。

我们的心灵就像枝蔓，上面挂着各种欲望的幼果。如果你任其自由生长，每一个都想满足，最终很可能一个都满足不了。因为人的能力是有限的，很难满足这样的同时又满足那样。所以，我们需要“修剪”欲望，给心灵剪剪枝，确保最有价值的欲望能够实现，确保收获最甜美最丰硕的果实。否则，你的欲望就超越了“度”，就成了贪婪。

有个农户十分渴望得到一块自己的土地，他就向主人哀求。主人想了想说：“这样吧，你明天一早就从家门出发，尽力往远处跑，在终点处插一个标杆，然后往回跑。只要你能在太阳落山之前赶回来，家门到标杆之间的地就都是你的。”听到这话，农户第二天一早就开始不要命地跑，直跑到太阳偏西了还不知足。想到还要跑回去，只好恋恋不舍地插了标杆，再风一样往回狂奔。他终于在太阳落山前赶到了，只可惜，他用力太猛，精疲力竭，又极度兴奋，心脏再也受不了，摔了个跟头就再也没有起来。

主人吩咐人挖坑把他埋了。站在他坟前，主人摇头叹息：“一个人要多少土地呢？其实就这么大。”

对于一个农户来说，渴望拥有自己的土地是再正常不过的欲求，但是他没有掌握“度”，过分贪多，最终成了命短福薄的可怜鬼。

害他的是贪婪，不是欲望——或者说，是未经修剪的欲望。罗马政治家及哲学家塞尼加也说："如果你一直觉得不满，那么即使你拥有了整个世界，也会觉得伤心。"记住，即使我们拥有整个世界，我们一天也只能吃三餐，一次也只能睡一张床，穷鬼和富翁都可以得到这种享受，在这一点上二者没有区别。

要如何"修剪"欲望呢？

首先，要懂得一个道理：很多东西不一定要拥有，欣赏就很好。某珠宝商店橱窗里陈列着琳琅满目的戒指、耳环等首饰，都是贵重的钻石、金子等做成，非常华丽耀眼，引得好多人驻足围观，然后进店一看究竟。有个穷人站在橱窗前欣赏了好久，他是绝对买不起的。不过，他也走进了珠宝店，找到店主说："谢谢你！"店主人惊讶："有什么好谢的？我又没送给你！"穷人回答："我光看看就很开心了。虽然我买不起，但是那些买得起的人，买回家去不也只能看着吗？既然这样，在外面看看就很开心了，还不用担心这些宝贝被偷。"

当你遭受欲望煎熬时，不妨学学这位穷人的豁达。很多人都在为"高攀不上"的目标痛苦不已，进而忽视眼前的幸福。静下心来想想，那些东西真是十分"必要"的吗？没有它们生活还不是照样过？为了"无用"的东西劳心费神，实在不值得。

某知名教授在课堂上做一个试验。他准备了两杯水放在讲台上，一杯是黄色的液体，一杯是白色的液体，然后故作神秘地对学生们说：“你们轮流上来品尝这两杯水，任选其一。尝完了先不要说是什么味道，等实验结束后我再向大家解释。”

随后，班上的同学陆续走上前，按照自己的意愿端起杯子尝一口，有人尝黄色的，有人尝白色的。全班五十多个同学都参加了，大多数的人选择了黄色的液体。

品尝环节结束，教授问：“黄色的水是什么？”同学们表情痛苦：“是黄连水。”“你们做出选择时是怎么想的？”教授问其中第一个学生。那学生回答：“因为它看起来像果汁。”教授笑了笑，然后问尝过白色液体的同学：“你们喝了什么？”“糖水！”异口同声。“你们做出选择时是怎么想的？”教授问其中第一个学生。

“因为果汁虽然好喝好看，但是并不能解渴！”

教授说道：“绝大多数的同学根据颜色就选择‘果汁’一样的水，结果却喝了很苦的黄连。只有极少数的同学根据自己的需要选择了能解渴的水，却喝到了甜的糖水。这就是我想告诉大家的，不要被表象迷惑，很多欲望都是这样欺骗你的。当你眼花缭乱无所适从的时候，应该从自己的内心需要出发去取舍，而不是盲目地追求外表的浮华。”

世间有很多东西都像那杯黄连水一样用假象迷惑你，你被那种欲望牵制着，为它付出很多很多，到头来非但得不到快乐，还让自己吃苦。所以，在诱惑面前要懂得自我节制，当欲望的小树苗生出太多果实的时候，一定要懂得摘掉一些，确保最重要的得以实现。

情绪周期，男女有别

所谓“情绪周期”，指的是一个人情绪的高潮和低谷进行交替所经历的时间。它反映了人体内部的周期性张弛规律，又称为“情绪生物节律”。每一个情绪周期都包含了情绪从高潮逐渐转入低谷的过程，如同人们情绪的晴雨表。处于情绪周期的高潮时，人们往往表现出积极的一面，心情愉悦轻松，感情丰富，做事认真；处于低谷时，人们容易烦躁，情绪低落，喜怒无常。

“例假”不是女士专利

女孩琳琳这几天有点儿郁闷。相处不久的男朋友李明不知遇到了什么问题——每天晚上的例行电话没聊几句，李明就会不耐烦，匆匆挂了电话。而以前每个晚上，两个人聊天时总是情意绵绵，不把电话聊得烫手，就不舍得放下。

琳琳担心李明生病了，周末专门赶去看他。李明虽然一直笑着跟她说“没事儿”，但看得出来，他有点儿强打精神。琳琳催他去医院，他却拒绝了，说自己只不过有点儿疲惫，休息几天就好。琳琳不放心地离开了，以为李明有事瞒着自己。两天后，李明果然恢复了原状，对琳琳百般呵护。琳琳觉得自己多虑了，放心地和李明继续交往下去。一段时间过后，李明又出现了不耐烦的症状，琳琳不由得对李明的爱情产生了怀疑。其实，李明并非虚情假意，而是陷入了情绪周期的低谷。和女士一样，男士也有情绪周期，相当于“例假”。

一般情况下，情绪周期为28天左右，前一半时间为高潮期，后一半时间为低谷期。根据不同的人的特点，周期也有长有短。在高潮与低谷之间，有2～3天的临界期。处于临界期时，人们情绪不稳定，工作和学习都会受到比较严重的影响。情绪的负面信息会影响到身体，很多疾病会乘虚而入。

女士的情绪周期很好辨别。它是与生理周期密切相关的。女士行经前一周左右以及月经期间，由于体内激素的变化，身体通常会不舒服，出现种种问题，比如容易疲倦、食欲增加、便秘等。情绪上也会有相应的变化，有些人易怒，显得神经质，失去耐心。所以，女士的坏情绪往往会得到别人的宽容与谅解。

然而，男士的情绪周期却被大多数人忽略了。有人将男士的情绪周期比喻成橡皮筋，把它拉长，只要没有超过弹性限度，一松手，它又会弹回来。这个比喻很形象地说明了男士的情绪周期的特点，即亲密——疏远——亲密。最常见的情况是：他对女孩情意有加，嘘寒问暖。在没有任何征兆的情况下，他显得烦躁不安，没有耐心，开始疏远女孩，不愿与女孩聊天，也不想理睬。这就是橡皮筋逐渐拉长的过程。过了这段时间，他才恢复常态，重新对女孩浓情蜜意起来。这就是橡皮筋弹回来的状态。认识到情绪周期的存在，可以帮很多情侣避免误会。

情绪周期寻因

情绪周期是与生俱来的，不过心理异常程度却是因人而异的。有人遇到情绪低谷时，只是暂时的情绪低落，很快就会恢复常态；有人遇到低谷时，却可能长时间沉浸在低迷的状态中不能自拔，严重的可能会患上抑郁症或其他心理疾病。

为什么会有这样的不同呢？原因主要有两点。一方面，每个人在为人处世中都难免遇到很多负面事件，产生各种消极情绪。这一类情绪积累到一定程度，容易给心理造成极大负担，需要通过适当的途径来宣泄。如果遇到突如其来的事件，心理容易产生较大波动甚至崩溃。

因为曾有过痛苦的感受，我们不愿意再去直面经历过的负面事件。但这种事件会保存在潜意识里，一如既往地发挥作用。即使我们努力想要遗忘，也不能把痛苦的记忆完全排挤出去。到了临界点或者情绪低谷时，隐藏在潜意识中的消极情绪会跳出来，屏蔽掉积极情绪，让人生活在痛苦之中。瘾君子之所以难以戒掉毒品，很大程度上是为了逃避现实中的痛苦，而享受烟雾缭绕起来时飘飘欲仙的快感。

另一方面，自然界的变化也会对人体产生影响。比如月亮的盈亏变化、潮水的涨落等，都会使人的情绪出现起伏。欧洲神话中说，狼人在平常的日子里与正常人没什么区别，而一到月圆之夜，难以自控的它们就会化身为狼。美国的研究发现，月圆那几天的犯罪率、自杀率、家庭暴力事件、酒精中毒等都要高于平均值。

在情绪周期中，男士和女士的表现大不相同。女士的烦躁与没有耐心可以表现出来并得到谅解，男士却常常会压抑自己的负面情绪，隐忍不发。这种情绪差异的主要来源，一是性别差异，一是受到的情绪教育有差别。

在童年时期，女孩的语言能力比男孩发展得快。十几岁的儿童处于愤怒状态时，男孩会倾向于用拳头解决问题，女孩则更多用语言传达情绪。而且，女孩在一起玩耍时喜欢结成小团队，一个女孩总以自己拥有一大群“姐妹淘”为荣。而男孩在玩耍时喜欢竞争，只有打败自己的对手，才能显示自己的强大。因此，女孩更倾向于发展朋友，而男孩则愿意显得独立自主。父母们在教育孩子时，通常要求男孩有阳刚之气，要有较强的承受力和耐心，注重培养他们的领导能力；而往往教育女孩活泼温柔，培养她们宽容博爱的一面。这种不同的教育，导致女孩长大后更容易表露自己的情绪，而男孩则更多地压抑情绪，不愿外露。于是，女士能够比男士更平稳地度过情绪周期。

走出情绪的低谷

情绪周期并不神秘。虽然男士的情绪周期并不明显，但通过一段时间的记录和留意，也可以找出自身的周期，并采取相关措施，走出情绪的低谷。试着将以下表格作为你的日志，每天如实记录。

项目/强度	强	较强	中等	较弱	几乎没有
状态低迷，反应迟钝					
记忆力减退					
没有原因的食欲不振					
心不在焉，对自己喜欢的事情失去兴趣					
不想见朋友和女（男）友，想一个人独处					
容易被激怒					
变得冷淡，以致冷落了你的亲人					
语言缺少逻辑，有点儿颠三倒四					
容易犯困或者莫名其妙地失眠					
喜欢抱怨					

你可以试着记录3个月，如果有3项比较有规律地以“强”或“较强”的强度出现，那你就找到自己的情绪周期了。

利用自己的情绪周期，我们可以巧妙地达到事半功倍的效果。在情绪高潮期，可以安排一些不易完成的工作，挑战自己的能力。在良好的情绪状态下，人是乐于接受挑战的。在情绪低谷中，我们就不要勉强自己，可以先做一些简单的工作来逐步培养感觉，也可以暂时放下手中的工作，给自己放两天假来安抚自己。这时候，如果有了烦心事，要多向亲友们倾诉，来寻求心理上的安慰和支持。如果在低谷期仍坚持挑战自己，不但难以达到目的，反而会增加挫败感，严重打击自信心。

每个人对自己的感受都是不一样的。有些人更容易捕捉到自己的情绪，在它们还处在萌芽状态就敏感地意识到；有些人则比较迟钝，直到情绪爆发，都不能采取有效措施加以缓解。尽管对情绪的自我意识是天生的，但管理情绪的能力却是可以依靠后天学习不断提高的。

情绪分为两个层次：有意识的情绪和无意识的情绪。无意识的情绪难以避免，有意识的情绪却可以被掌控。自我认知往往从意识到自身情绪开始，却没有终点。人的一生，就是在各种复杂的关系中不断加强自我认知的过程。每增加一点儿阅历，我们对自己的认识便又加深一层。认识自己实在不是一件容易的事情，然而自己又不是不可知的。对自己有基本认识，便迈出了提高情商的第一步。

Part 02

掌握情绪的开关

情绪就像在高速公路上行驶的车辆，应该遵循一定的规则，才能安全畅通。情绪的开关如同十字路口的交通指示灯，不同的颜色代表不同的通行规则。只有把握好开关，才能车如流水马如龙。

02

情绪化——幸福和成功的杀手

情绪化泛指人类、动物类、气候类的变化无常。在这里，情绪激动、情绪低落、盲目、无所适从、偏激、过激、敏感词汇、敏感语言、敏感、麻木不仁、高兴、生气……凡是一切与心情有关的大起大落或是麻木不仁的状态，可以统统归类于情绪化的范畴来进行表述描写。过分的情绪化会削弱我们对自身行为的控制，影响理性判断，甚至直接毁掉我们的幸福和成功。

别把温暖变寒冷

你之所以感到寒冷，是因为你的坏情绪将所有的温暖都拒绝了。

人们常说，婚姻是一个成年人幸福生活的开始。可是在现实生活中，婚姻家庭中的一方甚至双方却总是受着负面情绪的影响，对对方的行为充满猜忌，结果使得家庭生活不幸福，甚至会葬送自己的婚姻。

曾有这样一则新闻，2005年前后，广州一女子刘某与男友朱某喜结连理。但是婚后的生活并不像人们想象的那样幸福。刘某疑心病很重，总是认为丈夫对自己不忠，每次丈夫因工作忙晚回家时，刘某就又哭又闹，彻夜不眠；丈夫对她示好的时候，她却冷言冷语，以为丈夫假殷勤，是在弥补自己的过失。二人的婚姻就这样持续了一年，最后朱某终于不堪重负，起诉离婚。一段原本可以很幸福的生活就这样葬送了。

丈夫一次次地付出温暖，是主动向你走来的幸福，但是刘某却听任自己的恶劣情绪兴风作浪，不仅拒绝幸福，而且将幸福变为寒冷，令自己与丈夫在其中饱受煎熬。刘某的行为恰恰是情绪化的典型。那么，什么样的行为会将原本属于自己的温暖变成刺骨的严寒呢？

首先，无理智性的行为是葬送幸福的头号杀手。所谓理智，是指一个人辨别是非、利害关系以及控制自己行为的能力。人与动物的根本区别之一，就在于人的行为不单单从自身的原始欲望出发，而是同时受着本身理智的制约。而情绪化的人往往受着强烈情绪的刺激，丧失理智，“跟着情绪走”，辨别是非、区分自身行为的能力大大下降。

在美国职业篮球联赛（NBA）2006赛季中发生的著名的“黑肘”事件就是这类行为的典型代表。NBA的比赛向来以身体的激烈对抗著称。在该赛季菲尼克斯太阳队对阵洛杉矶湖人队的一场比赛中，胜负难分，双方队员求胜心切，身体的碰撞也就不可避免，太阳队的贝尔就在比赛当中受到对方球员“无意的肘部撞击”。这种撞击在职业球员看来本是家常便饭，在当时的比赛中却被强加了特殊的含义。被愤怒冲昏头脑的贝尔认为湖人球员有意为之，于是指着湖人队的板凳区大喊：“这是你们犯规！”结果造成了很恶劣的影响，引起看台嘘声一片，险些导致比赛中断。贝尔也受到了很多球迷的谴责。赛后贝尔也表示，当时自己“由于对抗激烈，失去理智，给球队带来了不必要的麻烦”。

其次，冲动是葬送幸福的帮凶。冲动的行为给人带来的负面影响甚至会使人悔恨终身。这是行为不理智的结果。每个人的头脑当中都有一个“理智的警察”，一般情况下，理智的警察能够有效地控制人的情绪，使其判断行为更具理性。但是，当情绪化出现时，理智的警察作用就大打折扣，个人会不顾道德、习俗、法律的约束，一味地跟着自己的感觉走，不仅会使判断的准确性大大降低，而且会大大提高行为的爆发力，因此往往造成具有一定破坏性的影响。

据报道，2010年9月，南京出现了一起袭击交警的恶性事件，更令人惊讶的是，肇事者竟是一个弱女子。

原来，张咏梅带着老公和孩子去吃朋友的喜酒，席间觥筹交错，老公也喝了不少。但就在大家兴起之时，原本就有些感冒的孩子突然发起高烧，哭闹不止。夫妇俩急忙带着孩子驾车赶往医院，不料半路被交警拦下，老公被要求做酒精测试。心急火燎的张咏梅怕丈夫被查出酒后驾车，极力阻挠测试，阻挠不成竟张口开咬，造成交警的轻微伤。“我那天实在是急坏了，孩子生病了发着烧，老公又被查到酒驾，所以我才一时冲动啊！”这正是急躁情绪造成的冲动行为。

再次，特定环境中的行为是幸福失灵的催化剂。换句话说，情绪化行为非常容易被周围的环境所影响。一旦环境中出现了可以满足自身需要和欲望的刺激，个人就会变得异常高兴；而如果环境中出现了与自身所需相悖的刺激，个人就会马上变得十分失望，甚至暴怒躁动。这两种情况都会导致个人的行为变得幼稚、简单，直接受自身原始欲望的支配。一旦别人抓住了这些情绪化特征，故意设置相关情境，那么这些人就会按照别人预定的方式做出反应，很容易上当受骗。

现在的骗术越来越复杂，但是其根源并没有变，仍然是抓住一部分人贪财好利或者惧怕灾祸的心理特征，设置相关情境，通过情绪诱导引人一步步上当受骗。前些年很流行的“手机号码中奖”的骗术就是利用了某些人不劳而获的心理。当有些人收到这类短信时，原始的贪财本性被激发，兴奋的情绪遮住了理性的双眼，于是他们看不透这种拙劣的骗术，上当受骗也就不可避免。

最后，情绪化行为是不稳定和多变的。每个人的行为都有一定的倾向性，即一个人在一定的刺激范围内不会改变自己的判断以及行为准则，并会自觉约束自己的言行。这种倾向性受到多种因素影响，比如社会道德、生长环境、人生经历等。当情绪化出现时，这种倾向性会很容易被打破；情绪化越严重，行为准则的约束作用就会越小，言行就会越发失控。

曾有这样一则新闻，一位单身母亲为了争夺女儿的抚养权，把前夫告上了法庭。败诉后，她竟然冒出了疯狂的复仇想法："如果我得不到女儿，你也别想得到。"结果竟将自己的亲生女儿活活掐死。虽然我们对这位女性的生长环境、人生经历等不得而知，但是，通过她对女儿的渴求，我们还是能看出她对女儿的行为倾向性是正常的，那就是爱她，争取她，保护她。但是由于她强烈的复仇情绪，这种最基本的行为倾向性也发生了改变——女儿竟沦为了自己的复仇工具。强烈情绪影响下的行为波及了自己的亲骨肉，可见其严重性。

如何抑制恶之花

情绪化行为给人们带来的负面影响实在难以尽述。在某种程度上，这就相当于恶之花，生长在黑暗的谷底，给别人带来噩梦。那么，我们应该如何控制自己情绪化的行为呢？专家认为，控制情绪并不难，只要尝试做到以下几点。

首先，要看清自己情绪上的优缺点，意识到自己情绪上的弱点，并分析出现这种弱点的原因。情绪化并不可怕，不能杞人忧天，同时也不能讳疾忌医，避而不谈。很多人容易急躁暴怒，自己的言行也随之变得具有攻击性。怎么办？首先就是要承认自己在这方面确实有缺点，坦然地接受这个事实。在此基础之上，再进一步分析自己容易暴怒的原因，从根源上控制自己的情绪。

其次，要学会控制自己的欲望。很多情绪化的行为与自身的欲望相联系，甚至可以说，情绪表达的就是个人的欲望。当其他人的行为不能满足自身欲望，甚至损害自身利益时，个人的行为就会变得简单化，出现情绪化的现象也就不足为奇了。所以，想要控制自己的情绪化，就必须学会控制欲望。

再次，要自觉接受教育，丰富自己的人生阅历，使自己的行为更加稳定。正如上文所说，一个人在一定的刺激范围内，其行为准则不会发生变化，也就是说具有行为倾向性。

最后，一旦发现自己出现了负面情绪，就要立即采取积极的措施，通过合理的途径发泄不良情绪。这里给大家介绍几种方法：

学会倾诉：当自己面临一定的困难时，找一个人诉说，会大大降低心理压力，找到精神慰藉。

适量运动：适量的有氧运动会改善血液循环，促进新陈代谢，给自己带来好心情。

理性哭泣：在合适的时间、地点大哭一场同样是发泄的好办法。

总之，出现了不良情绪要及早甄别，积极采取措施应对，这样就可以在恶之花尚在萌芽时，及时将其扼杀。

给负面情绪一个正当的出口

当负面情绪积累到一定程度的时候，我们就需要为其找到一个出口，将其安全、彻底地排出体外，以免干扰到我们的正常生活。当你宣泄情绪的时候，既不要伤害他人，更不要伤害自己，千万不要选择错误的方式，比如用暴饮暴食、抽烟喝酒等来放纵自己，那样只会糟蹋自己的身体！

和负面情绪说再见

你有没有那种感觉：无精打采，万念俱灰，很累，很狼狈，一大堆工作要做，一大堆麻烦要解决，自己被无力感、焦灼感、毁灭感完全笼罩着，任何东西在你眼中都变得了无生趣，一切都是那么枯燥无聊……这样的你已经被负面情绪hold住了。负面情绪并不可怕，客观认识到它的来龙去脉，就可以自己找到办法赶走它。很多时候，它是一种“心病”，自卑、自闭、患得患失、敏感、脆弱、急于求成、猜疑、嫉妒……这些讨厌的灰暗情绪就像墨汁，把你原本清水一般的心境严重污染掉。无论你再放任何东西进去，都会被墨汁遮住。即便是将最绚丽的油彩滴进杯子里，你在外面看到的还是一团漆黑。如何让杯子重新装进别的东西？倒出墨汁！在同一个时间内，人的注意力和思考力是非常有限的。当你的大脑被那些负面的情绪占据着，你就无心去关注好玩的、有趣的事情，情绪也就很难变好。这时候，你就要把自己的脑袋想象成那个被墨汁玷污了的杯子。烦恼、不快、郁闷都是墨汁，你拿起杯子果断清空，就能迎来一片清澈！

两位年轻的牧师打扫教堂里年久失修的阁楼，由于长期无人问津，窗户被厚厚的灰尘和蜘蛛网糊住，几乎透不进阳光来，阁楼里黑漆漆的。他们商量，要不要拉根电线进来点一盏灯？要不阁楼太黑了。两个人正商量时，神父上来问他们：“打扫得怎么样了？”“这里太黑，我们想拉一盏电灯上来。”神父笑笑：“只要把窗户打开，阳光自然会进来，阁楼就亮了！”两个牧师顿时释然。

人心也是如此。当你被负面情绪笼罩，心间满是灰暗阴霾时，不妨把心门打开，迎接新鲜的空气和阳光。当你肯把封闭的心门敞开时，即使只露出一点缝儿，你也可以立即感受到光明和温暖。

负面情绪就像跗骨之蛆，啃噬你让你无法快乐。那么，你就要主动跟“快乐”结伴。只要你细心观察，“小快乐”比比皆是，它们来自窗外的阳光、山上的红叶、购物中心打折的商品等等，这些小事物都可以带给你快乐。

接受负面情绪

我们经常会遇到这样的情景：一个孩子发脾气的时候，家长会大声呵斥加以制止，然后告诉孩子“生气不好，不要生气”；当一个人感情受了挫折向朋友诉苦时，朋友常常会告诉他“别难过，太难过了会伤身子的”。这些说法都是否认情绪的表现，实际上是不科学的。

我们的文化、社会、教育通常告诫我们要压抑自己的情绪——当自己有情绪，尤其是有负面情绪时，我们都被要求表现“低调”，否则就是没有涵养、不成熟的表现。实际上，情绪是一个人自身的欲望与外界互动之后的自然产物，当外界的环境损害到自己的利益时，自己当然会不同程度地产生负面情绪。此时，大胆地承认并接受负面情绪是应对它的首要保证。如果一个人可以接受情绪，那么他就成功地迈出了处理情绪的第一步；相反，如果一个人不能坦然地接受自己的情绪，那么当负面情绪出现时，情绪本身会与自己的认知发生冲突，当事人也就会随之承受很大的心理压力。

很多人觉得“有情绪”是不对的，有了情绪再显示出来就更加没有修养了，其实这是认识的误区。如上文所说，负面情绪就像一个沼气池，如果置之不理，它就会不断地发酵，膨胀，甚至可能发生爆炸，像马加爵那样。因此如果情绪不能表达出来，会出现各种不良后果。

首先，不能合理表达情绪就意味着别人无法理解你内心的真实想法，你的欲望诉求就不能为人所知。我们知道，情绪是外界环境与自身欲望比较之后产生的自然结果，情绪的表达实际上就是自身欲望的表达。有了情绪却不能表达的话，就意味着一个人的真实感受不能公之于众，那么当事人的行为也就变得无法理喻了。

某高校新闻网曾报道过这样一个例子。大学生张凯有轻度的神经衰弱症，睡觉的时候很容易被小声音吵醒，因此他睡觉时非常怕被舍友打扰。而舍友小王却不知道这一点，平时动作比较大，经常无意中打扰到小张的睡眠。小张对此很不满，但碍于面子又不好意思直说，因此这种不满在小张心中越积越大，最后张凯砸坏了小王的电脑，两人差点儿爆发肢体冲突。其实如果一开始小张就找个机会表达自己的情绪，这场冲突也就可以避免了。

其次，如果情绪不能表达出来，就意味着你失去了为自己争取幸福的机会。情绪是内心愿望的外在表现，不表达情绪别人就不知道你想要什么，你也就失去了争取幸福的机会。相反，能够表达情绪的人至少已经迈向了自己想要的幸福。

前段时间风靡一时的《初恋这件小事》感动了无数人。女主角小水因为对学长阿亮有好感，希望和他走得“近一些”，于是吃了很多苦来提高自己，后来成了学校的风云人物。这期间，两个人都对彼此产生了好感，也就是“爱的情绪”，而且这种情绪在不断增强。但是，两个人却错过了一次又一次的表白机会，没有勇气向对方表达这种“情绪”。毕业后，小水去美国留学，阿亮成为一名职业足球运动员。九年之后，小水成长为一名出色的服装设计师，阿亮则转型为一名摄影师。两个人再次相见时，9年前的爱恋在一瞬间爆发，有情人终于成了眷属。两个人走在一起之前，确实浪费了很多原本可以共享欢乐的时光，根源在于，两个人都没有大胆地表达自己的情绪，因此错过了追求幸福的机会。

最后，情绪得不到表达，会加重身体的负担，最终会以疾病的形式爆发出来。我们常常说：“想哭就哭出来吧，要不会憋坏了身子的。”这句话其实很有道理。很多负面情绪会不同程度地对身体造成损害，长期不发泄势必损害身心健康。

四种疗法告别负面情绪

曾经有一句很流行的QQ签名档：“愤怒很简单，但是要掌握在合适的时间，因为合适的事情，对合适的人，很困难！”这句话非常有道理。我们鼓励人们发泄负面情绪，但是并不等于鼓励人们不分时间、不分场合、不分对象地发泄。

收看排球比赛时，总能见到俄罗斯女排前主教练卡尔波利发火的画面。当场上队员发挥不好时，他会马上叫暂停，然后对队员大声吼叫，把队员批评得体无完肤。这种行为就是自己一种负面情绪的发泄。但我们不敢说这是合理的，因为曾有很多队员表示教练的这种行为给了她们很多压力，影响了接下来的发挥。因此，负面情绪的发泄需要合理途径，否则只会传染更多的人。

曾有一位考入北大的高才生表示，自己读高中的时候也会产生很多负面情绪，比如考试压力、紧张情绪、易怒等。但是比较幸运的是，她当时选择了合理的发泄途径——每周长跑一次，每天晚自习之前到操场大吼几声，每天保持微笑，适当的时候爽朗地大笑出来。这样，她高中三年一直保持着比较乐观的心态，而且人际关系也很好，这对她的学习生活起到了很大的推动作用。由此可见，通过合理的途径发泄不良情绪会对自己的工作、学习、生活起到积极作用。那么合理发泄不良情绪的途径有哪些呢？有四种方式可以尝试。

倾诉疗法。有句话说得好：“把快乐拿出来与朋友分享，快乐就增加了一倍；把痛苦拿出来与朋友分担，痛苦就减少了一半。”和自己的挚友倾诉衷肠是很好的发泄办法。找到一个可以倾诉的人实际上是为自己找到了情感的寄托，这样会让你在心中远离孤独感；而且朋友作为旁观者，看事情通常会更加全面、理智，往往可以为你指点迷津，助你早日走出困境。所以找友人倾诉是很好的发泄办法，美国某研究机构甚至得出结论，一个人如果有稳定的朋友圈子，就能长寿二十年。

音乐疗法。俗话说，一唱解千愁。如果惆怅是一江春水，那么歌声就是宽阔的河道，无论是听，还是唱，都对负面情绪有很好的排解作用。歌声往往是一个人情感的表现，听一些曲调舒缓、欢快、积极向上的歌曲其实是在受歌曲情感的感染与洗礼。因此，音乐也是很好的排解方式。

运动疗法。“好心情，跑出来。”美国某研究机构在大量的试验后得出这样一条结论。运动时人体的血液循环会加快，同时加快体内排毒的过程。找几个朋友一起去打打球，游游泳，爬爬山，心情会轻松很多。如果运动过后能洗一个热水澡，那么你的心情就会好多了。

总之，负面情绪是每个人都会遇到的，当自己受负面情绪困扰时，要敢于正视它，并采取积极、合理的方式排解它。

制伏愤怒的魔鬼

生活在这个世界上，每天会有很多事情发生，很多事情的进展，并不如我们想象的那样。于是，内心就会产生一种情绪，那就是愤怒。西方有句谚语："愤怒就是你心中的魔鬼！"《圣经》里这样描绘：魔鬼如同吼叫的狮子，到处游行，寻找可吞吃的人。当愤怒的情绪充斥我们心中的时候，正是魔鬼得手的时候。如何才能制服这个魔鬼呢？一是忍耐与宽容，二是寻找有效的排遣渠道，这样才能将这个魔鬼从我们的心中驱离。

忍一时风平浪静

俗话说得好："忍一时，风平浪静；退一步，海阔天空。"当自己要发火时，要告诫自己，如果马上发火，对别人造成的伤害会非常严重，不如忍一忍。忍过一段时间后，即使怒气仍未消除，你可能也找到更好的发泄途径了。

《一千零一夜》中有一个发人深省的故事。一个人在年轻时告别了妻子，到很远的地方去为一个智者工作。很多年过去了，他非常想回家看看自己的家人，于是收拾行囊，准备回家乡。他和智者道别的时候，智者送给他一句话："记得把你的怒气放到第二天再发。"他牢记在心，背上行囊，踏上了回家的路。

他走啊走啊，走了很多天，终于在一天晚上看见了自己的房子。可他没想到的是，透过窗子，他清清楚楚地看到自己的妻子和一个少年谈笑风生，而且听到了少年管自己的妻子叫"妈妈"。他走的时候还没有孩子，莫不是妻子在自己离开的这段时间里和别人有了私生子？男子越想越生气，拔出手枪就要冲进家中结果二人的性命。这时他想起了智者的那句忠告，于是强忍着怒气，到邻居家里投宿。

到了邻居家，邻居已经认不出他来了，和他有一句没一句地聊着。他装作若无其事的样子，向邻居打听自己不在的时候，家里发生了什么事情，那个少年是哪里来的。邻居告诉他，少年是他的妻子收养的流浪儿，而且还夸他的妻子多么的善良。这时，男子惊出了一身冷汗，不禁暗自庆幸听从了智者的忠告，否则在愤怒的指挥下，他肯定会干出让自己后悔一辈子的傻事了。

"记得把你的怒气放到第二天再发。"这正说明了忍耐的意义。忍耐不同于压抑，这并不是让你把所有的不快埋在心里，而是应对愤怒的一种积极的态度。一个人在被愤怒冲昏头脑的那一瞬间，思路往往变得非常简单，看事情也非常片面，不仅做出的判断不准确，而且行为具有很强的爆发性和破坏性。把愤怒忍耐一时，会让你在冷静下来之后，重新审视让你发怒的人或事，会让你在认识较为全面之后怒气全消，至少会让你的行为不那么危险。

愤怒之火，烧过留痕

有一个小男孩儿脾气特别差，经常因为一些鸡毛蒜皮的小事，无缘无故地对别人发脾气，愤怒、暴躁几乎成了他的家常便饭，这使得他没有一个朋友，家里人也不得不躲着他。

有一天，小男孩儿的父亲把他叫到身边，把一包铁钉和一块木板交给了他，让他在每次发火后就把一枚铁钉钉在木板上。第一天，木板上就多了几十枚铁钉，男孩儿似乎意识到什么了；第二天，新增的铁钉有所减少；就这样过了一段时间，男孩儿渐渐可以控制自己的情绪了。

这时父亲又对他说，如果他一整天都没有发脾气，就拔出一枚钉子。就这样，过了一年多的时间，钉子终于拔完了。当小男孩儿兴高采烈地告诉父亲时，父亲语重心长地说："你做得很好，儿子，爸爸为你骄傲。虽然钉子已经拔完了，但是木板上的伤痕却再也不能消除了，愤怒、发脾气对于你来说可能只是一时的冲动，但是对于别人来说却可能是永久的伤害。"

愤怒就像一座爆发的火山，一个人如果被愤怒所控制，他的言行就恰似火山喷发出来的岩浆，无情地摧残着周围的事物。虽然岩浆终会冷却，但是那些被毁灭的事物却永远不能复原了。所以我们可以看出，愤怒是一种在冲动作用下的激烈的负面情绪，如果控制不好就会对他人造成十分恶劣的影响，不仅伤害了他人，而且会严重损害自己的形象，而且这种损害是持久性的。因此，我们要更加深入地了解愤怒，控制这种破坏性极强的情绪。

找到扑灭怒火的消防栓

人非圣贤，孰能无"怒"？或怒发冲冠为红颜，或咬牙切齿鸣不平，或火冒三丈为得失……无论怒火因何人、何事而起，最终伤害的只能是自己。

莎士比亚曾说："不要被因为敌人而燃起的怒火灼伤了自己。"而真正能做到的人少之又少，有太多人不懂制怒，任由愤怒攻陷自己的底线，生发出报复之心。报复像病毒一样迅速毁灭理智的头脑，毒害自己的同时也伤害了别人，酿成悲剧。为了不让吃人的怒火泛滥成灾，每个人都要学会制怒，寻找那把适合自己的“消防栓”，及时扑灭怒火，保护自己也是保护他人。

从前，有一个杀气腾腾的恶人闯进了英国著名军事家、政治家惠灵顿公爵的寓所，站在正在伏案疾书的公爵面前大声叫嚣：“我叫亚伯伦，奉人之命前来杀你！”公爵抬起头满面疑惑地问道：“杀我？这也太奇怪了吧？”杀手见状以为是伯爵没有听清楚，于是又将自己刚才的话重复了一遍，谁知公爵认真地问道：“你确定一定要在今天杀我吗？”杀手回答：“他们没有告诉我必须在哪一天或哪一时刻杀你，但是我必须完成我的任务！”公爵淡定地说：“抱歉，我现在正忙着写信，有点儿忙，你下次再来吧，我等着你。”说完公爵继续低头写信。面对公爵超乎常人的平静和从容，傻眼的凶手默默离开了，从此再也没有来过。

假设，公爵当时以暴跳如雷的态度来与凶手对抗，结果必死无疑，正是他那份令人折服的镇定和冷静让他幸免于难，所以制怒的第一把“消防栓”就是冷静。

曾经有一篇名为《与“愤怒的快递”换位思考》的文章在网上流传，讲的就是网购中买家在收货时与快递人员发生的各种不满与矛盾。当你在为快递员未能送货上门、打电话语气不好或者未经本人签收就私自投放等诸如此类的事情而计较、生气甚至是愤怒时，何不换位思考一下？快递人员也有他们背后的辛苦，每天风雨兼程地穿梭在大街小巷，在居民区的楼梯爬上爬下，永远都是脚步匆匆，即使有些不礼貌的冲撞之处也是人之常情。炎炎夏日，他们要顶着烈日去派件；寒冬腊月，他们要在冰天雪地里奔走……

“愤怒的快递”总是少数，大多数快递员都是非常有职业道德和操守的，我们应该将心比心，从而化解内心的怒火，多给予对方一些基本的理解和尊重。所以，制怒的第二把“消防栓”就是换位思考。

在中国的历史上，有不少善于制怒的名人，他们都会运用一些自我暗示、自我反省的方法来帮助自己平息怒火。

战国时期，魏国著名政治家西门豹有爱发怒的毛病，他在担任邺城县令时期经常会因为地方恶势力的横行霸道而勃然大怒。西门豹为了避免自己在治邺大局上意气用事，想尽办法要克服自己性急易怒的坏毛病，他在自己的身上佩带一根牛皮绳，随时警诫自己要像熟牛皮一样柔软。久而久之，西门豹实现了佩韦以缓气的制怒效果，并且在历史上留下了美名。

禁烟英雄林则徐也曾是个脾气暴躁易怒的人。为了制怒，他在自己的厅堂上方挂一条名为“制怒”的横幅。有一次，他在处理公务时，突然发怒把一只茶杯摔得粉碎。这时他一抬头，看到眼前悬挂的“制怒”二字，立刻意识到自己的老毛病又犯了，于是赶紧谢绝了身边正要打扫的仆人，自己动手收拾了一地的茶杯碎片，并表示深深的悔意。

相信很多看过《武林外传》的朋友都会对郭芙蓉的一句口头禅印象深刻，每当她生气想要发作的时候，她都会在口中念道：“世界如此美好，我却如此暴躁。”在语言上给自己暗示和提醒，然后调整呼吸平心静气，慢慢调整自己，使自己尽快消除怒气。不论是牛皮绳、横幅，还是口头禅，都是为后人称道的制怒妙法，其共通之处都是以物自警，所以制怒的第三把“消防栓”就是自我暗示。

古人制怒的佳话数不胜数，我国唐代文学家、哲学家韩愈每当心中有了怨气，便提笔写字，于是便有了“不平有动于心，必以草书发之”之说；古人李纳性急，但酷嗜弈棋，每当怒气发作，只要看见棋局，他便忍不住取子布局，顿时怨怒之气全消。这是制怒的第四把“消防栓”——移情法，即将注意力转移到其他事物或者活动之中，从而消减怒气，达到心平气和的目的。除了以上四把“消防栓”以外，还有很多制怒的方式，闭口倾听、平心静气、合理发泄等。所谓“条条大路通罗马”，只要你具有制怒意识，无论哪种方式都将是非常不错的选择。生气是一种本能，而制怒却是一种本领。当我们在怒火腾升的时候，要以清醒的头脑来控制自己，在第一时间使用“消防栓”来灭火制怒，将愤怒的火苗扼杀在摇篮里，做一个情绪的主宰者，生活里的聪明人。

制怒宜疏不宜堵

同样是面对滔滔的洪水，禹的父亲鲧只会采取“堵”的方法，结果收效甚微，甚至让洪水的危害变得更大，而智慧的大禹则采用“疏”的途径，成功地制伏了洪水。其实愤怒就像这滔滔的洪水，只堵不疏会让愤怒的洪水越积越多，最终导致江河决口，造成毁灭性的打击，因此要制怒就要学会运用疏导的方法。上文已经提到，忍耐并不等于压抑。一个人的怒气如果压抑太久，他的心里会产生非常消极、并带有一定侵略性的情绪。带着这种情绪，他的语言行为都会变得失控，这会严重影响人际关系和自己的情绪。一旦遇到不顺心的事情，压抑已久的怒气就会瞬时爆发。在那些勃然大怒、情绪失控的人当中，大多数人都经历了一段时间的情绪积累。

在一栋高档写字楼里，人们都像往常一样紧张地工作着。这时秘书小潘抱着一沓文件夹走进了张经理的办公室，进门的时候不小心把一个夹子掉在了地上。小潘连声说着对不起，赶紧把文件夹捡了起来。没想到，当小潘把文件夹放到张经理办公桌上时，张经理竟怒目圆睁，吓得小张不禁退后了一步。“干什么吃的你？这么点事情也办不好？干不了收拾东西走人！”张经理越说越生气，竟把一桌子的文件夹都摔到了门外。员工都在猜测：一向比较和蔼的经理今天怎么发这么大的火，而且只是为了一件小事儿？原来，不久前公司有一单合同没有签成，张经理负有比较大的责任，为此他窝着一肚子的火，今天遇到这样的事，压抑着的怒气就爆发了出来。

这件事后，公司安排张经理去看了心理医生。在医生的指导下，张经理把运动列在了日程当中，每隔几天会打打拳击，回家后也会跟妻子抱怨自己的工作。这些做法恰恰是疏导怒气的合理途径。从那之后，张经理再也没有大动肝火了。因此，制怒宜疏不宜堵，适时地疏通怒气是必不可少的。

惹怒之后的四部曲

上文我们讨论了制怒的两个法宝，如果一个人已经被惹恼了，也有办法来事后补救。

首先，在发怒之前，要先回想一下对方到底做了什么才让自己如此发怒，看看自己发怒到底值不值得，或者看看自己是不是没来由地迁怒于他人。有一个笑话，站在另类的角度上解释了猫为什么抓耗子：一名男子在公司犯了错误，被老板狠狠骂了一顿；男子觉得很窝火，但又不敢跟老板发火，于是回家冲着妻子发了顿脾气；妻子没招儿，只能对着儿子发脾气，然后儿子对着猫发脾气；小猫也很生气，没办法只能抓老鼠来解气。这个故事中只有老板对男子动怒是有一定原因的，其他都是迁怒于人。如果男子在对妻子发火之前仔细地思考一下自己为什么向妻子发火，那么他就会发现这种行为其实是没有任何理由的，只不过是自身的怒气没处发而已。这样他就不会幼稚地冲妻子发脾气，也就不会有这个可笑的连锁反应了。所以发火前的扪心自问是平息怒气的第一道防线。

其次，不要把一些利害冲突看得太重。我们已经反复强调，情绪是一个人内心欲望的外在表现，愤怒更是利益受到影响时的一种激烈的情绪表现。因此，在自己火冒三丈时，想想自己是哪方面的利益受到了损害，而且要默默地对自己说："这个不太重要，真的没有那么严重……"只有把一些利害冲突看淡了，才能从根本上平息怒气。

从前有两个牧师，只要一见面就大动干戈。方圆几十里的人都知道两个人关系不好。在怨气的笼罩下，两个人的关系越来越差，最后其中一人甚至花钱雇凶，想铲除另一个人，幸亏事情败露才避免了一场灾难。后来有一位老牧师把他们两个人叫到身边，想了解一下为什么两个人之间的关系势同水火。在老牧师的努力下，两个人终于说出了原委。原来两个人年轻的时候，曾经因为争着主持一场婚礼而结下了仇。没想到，两个人说出了原因之后，竟都不好意思地低下了头：为了这么点儿小事竟彼此仇恨了这么多年，实在是不值得。由此，两个人的火气也就消解了。因此，当自己发怒时，要好好想想到底自己的什么利益被触犯了，想想为此发火到底值不值，这样，你就能大大减少发怒的次数。

最后，当自己真的想把怒气一泄为快时，一定要选择合适的场合，合适的时间，采取合理的方法来发泄。如果方法不当，极有可能无意中伤害到其他人，损害自己的人际关系，这会让自己之后的工作生活更加困难。同时，不恰当的发泄方法不仅不能很好地发泄怒气，而且往往会使自己心里更不舒服。美国第16任总统林肯有一次接受媒体采访时，一个记者问了这样一个问题："总统先生，我们知道您对南方大种植园非常头疼，经常会有人激烈地阻挠您的工作，但是我们几乎没有看见过您发火。请问您有没有生过气呢？”

林肯笑笑说：“我是个凡人，当然会有生气的时候。”

记者又问：“那您生气后会怎么做呢？”林肯说：“狠狠地骂那个让我生气的人！只不过是在信里。在信中我可以大胆地运用激烈的言辞，用最恶毒的诅咒，最下流的脏话。但是当我写完这封信后，我会发现自己感觉好多了，于是就把信扔进火炉里。”总统的智慧和宽容博得了在场记者雷鸣般的掌声。正是这种聪明的发泄方式使得林肯的工作心态一直比较平和，工作效率也很高。所以，合理的发泄方式是制怒的关键所在。最后，如果自己真的到了怒不可遏的地步，马上就要爆发的话，一定要记住两点：不能恶语中伤他人，同时不能轻易地泄露他人的秘密，也就是不“揭短”。

发怒时的恶语中伤跟平常的发牢骚有着本质区别。恶语中伤有着很强的目的性，那就是要让对方难堪，至少要让对方和自己一样难过。这种言行会给别人的心灵造成很大的伤害，就像小男孩儿的铁钉一样，虽然可以拔出来，但是留下的伤痕却无法磨灭。某知名研究机构曾探究过父子矛盾问题，在被调查的1000对“问题父子”中，高达70%的孩子表示自己与父亲的隔阂源于父亲发脾气时的大喊大叫。在跟踪调查中，这种隔阂竟可以存在二十年之久。可见，发怒时的恶语相向是绝对要杜绝的。

同时，对别人发火的时候不能轻易泄露别人的秘密。发怒的人的思维会变得比较简单，考虑事情不全面，因此会用比较低级的方法来发泄怒气，有很多人往往采取了“揭短”的办法。殊不知，这样做会让自己显得非常幼稚，很难获得别人的理解。而且长时间建立起来的信任感会顷刻间崩溃，对以后的交往造成严重影响。更严重的是，这种做法无异于火上浇油，很可能引发对方更加激烈的言辞，甚至肢体冲突。

在中国的大部分地区，人们思想依然比较保守，无论是大人还是孩子都对“抱养”（即收养）有一定的偏见，几乎所有抱养孩子的家长都不希望自己的孩子知道真相。在一所重点小学中就有这么一个抱养的女孩儿，同样不知道自己的身世，但是县城并不大，熟人几乎都知道她是抱养的。

有一天小女孩儿跟同学发生了一点儿口角，结果越闹越凶，最后同学为了解气，骂女孩儿“是抱养的”。小女孩儿哭着回家找妈妈，养母听说后，怒火中烧，当即找到对方家长进行质问，结果小孩子的冲突演变成了两个家庭的矛盾，其根源就在于发怒时的泄密。

总之，愤怒是自身利益受到损害时的情绪表现，及时疏导，合理发泄，我们就可以成功地制伏愤怒的魔鬼。

战胜恐惧的阴魂

每个人的心里都藏着一个名叫“恐惧症”的小阴魂，它经常会在你不注意的时候偷袭你，让你对这个世界充满恐惧。面对这样一个魔鬼，我们如何才能战胜它？每个人心中都有这样或者那样害怕的事情，我们应该刻意地去克服这些恐惧感，而不是一味地逃避。要相信自己的能力，学会肯定自己的价值，这样可以让我们保持良好的心情，并且会变得越来越自信，用自信去击败恐惧的阴魂。

“鬼”自心生

传说很久以前，有一个男子赴京赶考，因为家里穷，雇不起车，只能步行。一天，他白天贪行了几里路，错过很多客栈，结果太阳落山后找不到投宿的地方了，只能继续前行。可巧，走了不一会儿，男子看到了一座破败的庙宇，虽然感觉很阴森，但男子也只能将就着住了进去。

庙宇里到处是残破的神像和蜘蛛网，显得恐怖而破败。这时天井中阴风四起，落叶漫天，男子不禁打了个哆嗦，硬着头皮拼了几块儿木板，铺上铺盖躺了下去，却怎么也睡不着，总是感觉屋子里有动静，时间长了，他竟感觉有个人在阴风中哭泣。男子不敢再睡，一心想着挨过一宿，第二天赶紧离开这个是非之地。没想到半夜里，屋子里的动静越来越大，男子也越来越紧张。正巧，一只老鼠从房梁上掉了下来，男子还以为鬼终于现身了，结果被吓得一命呜呼。第二天，人们发现了他的尸体，因为没有外伤，人们都以为他的魂魄被鬼勾走了，于是请来了一个资深的方丈来寺庙里镇鬼。结果方丈检查寺庙后说："寺中本无鬼，鬼自心生。"

一个略带传奇色彩的故事，道出了一个朴素的道理：恐惧往往来源于人的内心，换句话说，恐惧其实是自己吓自己。我们已经讨论过，所有的负面情绪都是自身利益受到损害时的产物，恐惧也是如此。但与其他负面情绪不同，恐惧出现时，意味着自己根本性的、原始的利益受到了威胁，尤其是生命、自身安全、人生前途等利益。

同时，恐惧情绪会对一个人产生极大的消极影响。研究表明，人们在受到一定程度的惊吓后，大脑会抑制神经中枢以避免过度兴奋，而这种抑制不仅仅会阻碍人的正常反应，而且会减缓人的行为速度，因此会使一个人变得比较消沉，甚至使身体机能异常，会对生命造成威胁。所以我们必须想方设法战胜恐惧。不过在我们学会如何战胜恐惧之前，首先要了解恐惧的种类。

两种恐惧

基本上，根据恐惧的不同来源，可以将恐惧划分为两种。当自身安全，甚至是生命受到威胁时，人们会产生第一类恐惧；当一个人生命之外的重大利益受到威胁时，人们会产生第二类恐惧。第一类恐惧是人类比较原始的情绪之一。在人类文明产生之初，势力弱小而又无知的人类面对大自然显得十分无助，雷电、火灾、暴风、野兽都被看成能够威胁人类生命的因素，让人类充满恐惧。在人类进化历程中，这种原始情绪被保留了下来。如今，每当人们认为自身安全和生命健康受到威胁时，仍然会产生这种恐惧感。

小力大学毕业后，在一家大型企业找到了一份不错的工作，虽然有时候要晚上加班，但是加班费不菲，所以大学同学都很羡慕他。但让人们没有想到的是，不到两个月，小力竟辞职了，而后到了一家条件很差的公司任职。是什么原因使得小力宁可舍弃众人羡慕的工作呢?

原来，小力虽然是个男孩儿，但是自幼胆子就很小，尤其怕黑怕走夜路。做第一份工作经常要求晚上加班，加完班后小力要走一段夜路才能到家。结果就是在这段夜路上，小力常常感觉有“人”，或者说有“东西”在跟随自己，尤其是前段时间看完一部恐怖电影后，说什么也不敢走夜路了，无奈之下只得辞职了事。

实际上，对黑暗的恐惧感正是人类原始性的第一类恐惧的表现。小力之所以怕黑，是因为黑暗总是给人以不确定的感觉，在这种感觉下，人的安全和生命就显得没有保证，因此这是比较典型的第一类恐惧。

相比第一类恐惧，第二类恐惧一般是在生命之外的重大利益受到威胁的情况下产生的。随着人类历史进程的不断推进，人的利益也变得越来越复杂，最初比较单一的利益结构也被打破。这就决定了在生命利益之外，某些重大利益面临挑战时，人们同样会产生恐惧。这些重大的利益包括了个人的前途、名誉，家人的安全状况，国家安危，等等。

2007年5月某日下午，王女士下班后像往常一样到菜市场买菜，然后高高兴兴地回家准备做晚饭。刚到小区门口，王女士就看到一群人围着自己的单元楼，地上好像躺着个人。王女士好奇地凑过去看热闹，结果被惊得差点儿昏了过去——自己的丈夫竟然跳楼自杀了！原来，前几天丈夫的单位公布了一批提拔名单，而丈夫并没有在被提拔之列。像自己丈夫这样年龄的人如果再不被提拔，以后就很可能没有被提拔的机会了。想到自己上有老下有小，而立之年却没有什么工作成绩，前途又那么渺茫，王女士的丈夫对于自己的未来和家庭前途陡然产生了莫大的恐惧感，最后一死了之。

在这个悲剧中，王女士的丈夫正是因为生命之外的重大利益——前途受到了威胁而产生了恐惧，因此选择了这条不归路。这是人们第二类恐惧的典型代表。

两种选择，两种结果

面对恐惧这个人类的天敌，有些人选择了勇敢地面对它，大胆地挑战它；有些人则选择了向它屈服。不同的选择，在选择之初就决定了不同的结果。

面对恐惧，革命志士江姐选择了挑战，所以收获了精彩的人生。“你怕死吗？”江姐入党时曾经被问过这样的问题。“当然怕死，人对死亡的恐惧是与生俱来的。但是我身上的担子比我的生命更重要，这会让我向死亡的恐惧发起挑战。”

后来江姐被叛徒出卖，不幸被捕入狱，在渣滓洞中，她受尽了各种非人的折磨，自己的生命根本没有任何保障，这给一个人所带来的巨大恐惧可想而知。但是正像她入党时所说的那样，江姐并没有被这种恐惧压倒，相反，她选择了挑战恐惧，在极端恶劣的条件下坚持同敌人斗争。虽然江姐最后惨遭杀害，但是这种精神却激励着一代又一代人奋勇向前。

同样是面对恐惧，任达哉（《红岩》中甫志高的第一原型）选择了屈服，因此死后仍被世人唾弃。

任达哉在20世纪30年代曾担任中共地下党联络员，但是不久就叛变，跑到上海加入了国民党军统特务组织。后来他脱离军统，来到重庆，加入了中国共产党，并担任了比较高的职务。但是不久，任达哉被国民党特务抓获，面对敌人的种种酷刑，他心中充满了对死亡的恐惧，不幸的是，他向这种恐惧低下了头，没有坚持多久就叛变了革命。

叛徒的下场总是很悲惨，1949年，失去利用价值后的任达哉在渣滓洞被国民党特务枪杀，死后也被广大人民唾骂。所以，恐惧感是与生俱来的一种负面情绪，人皆有之。有了恐惧感不可怕，关键是你面对恐惧时的态度。无疑，大胆地面对恐惧，并想方设法战胜它是最积极的态度。那么究竟如何做才能帮助我们战胜恐惧呢？下面我们一起讨论一下这个问题。

科学方法助你战胜恐惧

第一种方法是脱敏疗法。

这是从根本上战胜恐惧的方法。主要做法是，找到你心中恐惧的根源，然后正确地认识它，并尽量多地接触它，久而久之，你会发现自己并不像最初那样恐惧了。

很多人很怕蛇，但是却不知道为什么怕蛇，只是看到它就会害怕。据此，英国某团体曾经征集了一些怕蛇的志愿者，通过一些特定的课程和活动，让志愿者们深入地了解了一些常见蛇的习性，并近距离地接触了一些无毒蛇。活动过后，大部分志愿者都表示不再怕蛇了。

毕淑敏在她的名作《拯救乳房》中讲述了一个心理学家和十个乳腺癌患者的故事。心理学博士程远青留学回国后，组织了一个乳腺癌患者的小组。在这些患者心中，都存在着对癌症和死亡的巨大恐惧，虽然没有明显地表现出来，而且很多人尽量避而不谈，但是这种情绪深深地影响着她们的日常生活。

程远青匠心独运，她认为要想使患者快乐起来，首先就要摆脱对癌症和死亡的恐惧。其间，她就运用了“脱敏疗法”——她组织各种活动，让患者畅谈对癌症和死亡的看法，她甚至把一些活动安排在墓地，让大家正视死亡，接触死亡。结果，通过这一系列的活动，患者都战胜了恐惧，找到了属于自己的那份快乐。

第二种方法是注意力转移疗法。

“昨天看的恐怖电影吓死人了，真是越想越害怕！”

“越想越害怕”，不想不就不害怕了吗？有些时候，我们越是关注于那些让我们害怕的事物，我们就不可避免地在恐惧中越陷越深，因此，战胜恐惧的另一个好办法就是，当自己感到害怕的时候，及时转移自己的注意力，努力去想一些让自己开心的事情。在《哈利·波特与凤凰社》的结尾中，被伏地魔附体后的哈利·波特陷入了无尽的恐惧中，最后不正是靠着对朋友的温馨回忆才打败了这种恐惧吗？

大学生小赵胆子比较小，可是很爱看恐怖片，结果经常被吓到。有时候她跟朋友诉苦：“我在宿舍浴室洗澡的时候非常害怕，思想总是陷入恐怖电影的情节中。有时候甚至低头冲完头发后，竟不敢抬起头来，就怕有个女鬼突然出现在我面前。”后来心理老师给她建议，让她在洗澡的时候唱唱自己喜欢的歌曲，或者跟宿舍的女孩儿聊两句，以这种方式来转移注意力，结果收效很大。

冲动的代价

冲动靠激情推动，带有强烈的情绪色彩，其行为缺乏意识能动调节作用，因而常表现为感情用事、鲁莽行事，结果往往后悔莫及，甚至铸成大错，遗憾终身。我们每个人要想尽快成长就必须拥有克制冲动的能力，哪怕是一次小小的冲动你克制住了，你就在成长的路上迈出了一步。

咬耳朵的故事

1997年，拳王泰森曾制造了体坛史上最大的闹剧之一——咬耳朵。堂堂拳王为什么要在比赛中采用这种极端的手段报复对手呢?

在此之前，泰森为了夺得某拳击组织的金腰带，大战老将霍利菲尔德。结果霍利菲尔德凭借丰富的经验，使用各种被泰森称为“下三烂”的手段，如搂抱、头撞等，避免与泰森的正面冲杀，结果让泰森有力使不出，输掉了这场比赛。憋了一肚子气的泰森第二年再次挑战霍利菲尔德，没想到这次对手故技重施，这让泰森恼羞成怒，冲动之下，咬伤了老霍的一只耳朵。结果泰森不仅输了比赛，而且还丢了尊严。

在后来的一次采访中，泰森对当年的这一举动表示了道歉：“其实我是好人，但我当时太冲动了，完全疯掉了。”

无独有偶，2010年8月，河南省也出现了一起“咬耳朵”事件。大致原委是：李某带着幼子在小区门口的商店玩耍，店主也不时逗着孩子。结果店主不小心动作重了一些，把孩子推

倒在地。李某见状火冒三丈，不由分说就和店主打了起来。打斗中，占下风的李某冲动之下咬掉了店主耳朵上的一块肉。

事后，李某因故意伤人罪获刑。他表示，自己当时确实太冲动了，后悔也来不及，只能乞求对方的原谅。

两个“咬耳朵”事件，背后都是同一种情绪在作怪，那就是冲动。人们常说“冲动是魔鬼”，在冲动情绪的控制下，人们的行为完全是怨气的宣泄，是欲望的爆发，几乎毫无理性可言，所以在这种状态下，人们的言行大都是从自身利益出发，很难做到公平。更为严重的是，冲动时人的肾上腺素大量分泌，直接导致行为的破坏性大大上升。所以，冲动的代价往往是十分惨重的。

和愤怒、恐惧一样，冲动也是一种消极作用很大的负面情绪。但是与其他负面情绪不同，冲动一般是由其他极端的情绪所引起的，因此它的成因很复杂。要想战胜冲动，首先要了解导致冲动的不同原因，进而对症下药。

三种冲动

冲动一般可以分为三种，第一种是恐惧衍生的冲动。

药家鑫是陕西省西安音乐学院的学生。谁承想，这位曾经受社会尊重的大学生却在冲动的支配下变成了杀人恶魔。

2010年10月，药家鑫在深夜驾着私家车去看望女友，结果在路上不小心撞倒了一个骑着电动车的女服务员。药家鑫急忙下车查看受害者的伤势，结果发现受害者正在用手机记录自己的车牌号。“当时我吓坏了，生怕对方跟自己纠缠不清，要是他们闹到学校甚至闹到法院，那我的名誉、前途会受到很坏的影响。”出于对前途和命运的恐惧，药家鑫只觉热血冲顶，冲动之下，他狂捅对方8刀，然后驾车逃逸。后来，年轻的女服务员因为失血过多而死。药家鑫也受到了法律的制裁。他的一时冲动，毁了两个家庭。

在这个案例中，药家鑫先是感到了对自己名誉、前途的恐惧，这种恐惧没有正确地排遣，进而转变成了瞬间的冲动。

很多人的冲动往往来源于恐惧，正如前文所说，当自己的重大利益受到威胁时，人们就会产生恐惧情绪。可悲的是，人们往往处理不好这种恐惧，总是用那些“可能发生”的可怕事情在自己的头脑中描绘出一幅巨大的悲观图景。在这种情绪的笼罩之下，人们就会产生第一类冲动——恐惧衍生的冲动。

第二种冲动是愤怒衍生的冲动。

“愤怒的江河一旦冲决堤坝，就会变成冲动的洪水，造成极大的破坏。”郑州的一对夫妇因为愤怒没有得到宣泄，演变成了冲动，打死了自己的亲生女儿。

2010年5月，3岁的幼女小荃在妈妈阿红的陪同下认图板上的字，很快就认全了。孩子的爸爸徐利回到家中后，阿红兴奋地跟丈夫说：“小荃把图板上的字都认全了！”爸爸听后也很高兴，拿着图板要考考女儿。结果认到“森林”的时候，年幼的小荃总是把这两个字念反，教了好几遍也记不住。爸爸顿时火冒三丈：“笨得像猪一样！跟你妈一样笨！”说着拿起拖鞋冲着小荃的胳膊和腿没轻没重地抽了过去。挨骂的阿红也一时气不过，拿着鞋刷子一起打小荃。

挨打后的小荃第二天出现了身体不适，但是仍在气头上的父母没有带她去医院看病，任凭孩子不吃饭也不闻不问。两天后，小荃浑身乌青，眼球上翻，送到医院后抢救无效死亡。

在幼儿园老师的眼中，小荃是个聪明乖巧的孩子，究竟是什么原因让亲生父亲竟对一个天真烂漫的女孩下如此毒手呢？原来，徐利是个重男轻女的人，思想很愚昧。当阿红为自己产下一女后，他感到很恼火，“一看到自己的女儿就气儿不打一处来”。平时孩子只要一不听话，徐利的火气马上就上来。这次孩子又没有认出这么“简单”的字，徐利平时的怒气一时间爆发出来，演变为冲动，结果将孩子虐待致死。

这个悲剧背后反映出来的道理其实十分普遍，很多人的冲动源于日积月累的或者是一时爆发的愤怒。愤怒中人的言行都具有很强的攻击性，如果得不到正确的宣泄，这种负面情绪很可能直接向他人爆发，这时人们就会产生第二类冲动——愤怒衍生的冲动。

第三种冲动是欲望衍生的冲动。

某著名心理学家曾如是说：“欲望应该是冲动的最本质属性。”20世纪90年代，一起犯罪事件曾震动美国。在一个清晨，一个穷困潦倒的男子无所事事地在公园的树林里游荡，长期的贫困使他找不到生活的乐趣。就在这时，他看到一个年轻的漂亮姑娘正沿着湖边晨跑，紧身的运动服装衬托出了她姣好的身材，而边跑边听的高档随身听同样吸引着男子的眼球。“强行占有她，然后抢走她的随身听”是该男子的第一反应。当女孩儿跑第二圈的时候，男子突然从湖边的树林中蹿了出来，实施了他的“计划”。不过让他没想到的是，女孩儿大声呼救，怕事情败露的他一怒之下将女孩儿打死，然后畏罪潜逃。由于当时的侦破条件有限，这个案子一直悬而未决。过了近十年，案情终于浮出水面，当年这个少女奸杀案的嫌疑人也最终落网。落网后，男子仍然对当时的所作所为后悔不迭：“当时我的生活无聊极了，对金钱和异性的饥渴让我昏了头脑，当时我真不该那么冲动，这十年潜逃的噩梦可能就是对当时的惩罚吧……”

大千世界，冲动的案例林林总总，有的人见钱眼开，有的人见利忘义。其实人都是有本能的，心灵深处最本质的需要让我们对一些事物的欲望非常强烈，而且具有持久性，这些事物包括食物、金钱、异性等。一旦这些欲望得不到应有的控制，人就会为了欲望不顾一切，也就是产生了第三类冲动——欲望衍生的冲动。

别让冲动毁了你的理智

“一失足成千古恨，再回首已百年身。”这句古训如同警钟一般时时刻刻提醒着我们应当理智地面对身边的人与事，不要因为一时冲动而铸成大错，令自己终身悔恨。

根据调查研究表明，人在愤怒的时候，智商最低，特别容易做出冲动的傻事。在愤怒的关头，人们往往会自以为是，做出非常武断的决定，其冲动行为的危害性不可估量。

七百年前，在遥远的北威尔士，有一位王子要出门打猎，他留下自己的爱犬在家看护婴儿。等王子打完猎回到家，竟发现自己的孩子不见了，摇篮旁边的地毯被鲜血染红，而自己的爱犬却伏在地上舔着嘴边的血，高兴地望着主人。王子顿时有种不祥的预感，一定是爱犬兽性发作吃了自己的婴儿，想到这里，王子大怒，拔出身上的长剑刺入爱犬的肚子。随着爱犬的一声惨叫，惊醒了在地毯下熟睡的婴儿，这时王子才发现门后的角落躺着一条浑身血迹的狼。

原来在王子外出的时候，这条狼想要偷吃婴儿，爱犬拼命与狼奋力搏斗，咬死了狼保住了婴儿的生命。王子号啕大哭，悔恨不已，就这样因为自己的一时冲动而永远失去了爱犬，可是一切都已经无法挽回。

为什么会发生这样的悲剧？因为王子的内心被强烈的愤怒占据，丧失了理智，一时间走向了情绪的极端，忽略了对现实情况最基本的判断与核实。王子如果能给自己3分钟时间去平静心绪，控制冲动，也许事实的真相就会及早被发现，那么可怜的爱犬也能幸免于难了。在冲动的当下，人们会头脑发热，不顾一切地发泄愤怒与仇恨。回顾一下生活中令我们后悔不已的事情，其中是否隐藏着冲动的影子？因为冲动，有人痛失爱人；因为冲动，有人误杀好人；因为冲动，有人家破人亡；因为冲动，有人一无所有……家庭的矛盾、爱情的失败、工作的挫折、人际交往的不如意，诸如此类的种种问题接踵而来，让我们措手不及、目不暇接，于是，我们生气了，恼怒了，冲动了。在短短的时间内，冲动的恶魔让我们走向非理性的悲苦境地，引发了难以预计的恶果和灾难。

萧伯纳笑对挑衅者的故事为人称道。在他的剧作《机器与人》首次公演结束谢幕时，有观众无礼羞辱他的剧本烂透了，萧伯纳并没有因为愤怒而冲动，而是向这位观众鞠躬用宽容的幽默化解了尴尬的场面。萧伯纳用自己的实际行动证明了自己的那句名言："自我控制是最强者的本能。"面对冲动的恶魔，萧伯纳唯一的武器就是自我控制，用理性和冷静去战胜感情用事，摒弃失控冲动，让无事生非事者自讨没趣。

冲动易怒本就是一件有百害而无一利的事情，不仅会影响人际关系，还会伤人伤己。很多人因为一时冲动说出了不该说的话，做了不该做的事，事后捶胸顿足懊悔不已。

古往今来，仁人志士都用"三思而后行"的警语来自我勉励。面对世事无常，我们要学会忍耐，通过忍耐来锻炼毅力、陶冶性情，做一个善于容忍、不计得失的宽大之人。一切冲动都是可以避免的，世上没有后悔药，但是却有治疗冲动的良药。冲动还是理智，完全取决于你自己。

在生气愤怒的时刻，要学会与自己对话，三思而后行。试着用自我控制和忍耐武装自己的内心，在冲动时刻，不再是束手就擒的弱者，而是理智的强者。只有战胜冲动的魔鬼，才能收获平安健康的幸福人生。

战胜冲动的普遍方法

引起冲动的原因十分复杂，但是要想战胜冲动，还是有一些方法可循的。

首先是保证睡眠。一般情况下，人在睡眠不足时会出现“脑子短路”，如果睡眠严重不足会顿生厌烦、焦虑之情，这会让一个人自我克制的能力大大降低，人就好像变成了一个干燥的炸药包，遇到一点儿火星就会瞬时爆发。所以，容易冲动的人应该审视一下自己，看看自己是不是劳累过度得不到正常休息，如果是的话，要及时调整休假了。

一个企业的老总，平时大事小事都应对自如，谈判桌上更是谈笑风生，遇到多大的困难、多么难缠的对手都能应对自如，这样的风范让竞争对手都好奇地向他询问是否有什么奇招。老总的回答很简单：“当我感到自己要克制不住自己的时候，就停止加班，补充睡眠。”可见，睡眠恰似春风细雨，能够抚慰人们躁动的心灵。

其次是加大阅读量。很多人都有一种感觉，似乎“爱冲动”和“没涵养”有着某种联系，事实确实如此。很多人没有足够的阅历，做事只凭自己的感觉，从不考虑后果，经常冲动。如果爱冲动的人有这个特点的话，建议多读一些书。“书如人生”，读一本书的过程，就是了解不同人生的过程，也是重新审视自己人生的过程。书读得多了，一个人的涵养和气度都会有所提升。三国时期吴国的大将吕蒙，没有受过什么教育，做事总是凭着一腔热情，不考虑后果，结果往往在冲动之中把事情搞砸。后来他接受了孙权的建议，刻苦读书，结果以后做事考虑周全多了，冲动的概率大大下降，因此有了“士别三日，当刮目相看”的佳话。

对症下药

如上文所说，很多人的冲动源于过度的恐惧，而这种恐惧常常来自我们悲观的想象。如果发现这种现象出现在自己身上时，要尽快摆脱这种悲观想象，试着描绘一幅美好的生活画面。电视连续剧《武林外传》中，郭芙蓉有一句名言：“世界如此美好，我却如此暴躁，这样不好，不好。”这句话很搞笑，实际上正是“描绘快乐图景”这一方法的生动体现。

就拿药家鑫的例子来说吧，如果他撞人之后产生的是另外一种联想——“我主动地停车，请求对方原谅。如果对方伤势较重，我会把她送到医院，并及时跟双方家人沟通，这样对方肯定不会纠缠不清的”——恐怕悲剧就不会发生了。

许多人的冲动源于愤怒，当自己感到怒不可遏，马上就要爆发的时候，试着倒数十个数。某著名篮球教练曾经这样说：“我承认自己很爱冲动，但是我正在试着克服这个缺点。看到我的球员发挥不好时，我总是想大喊大叫，不过在大叫之前我会默数十个数，想想他们是不是差到我必须发脾气，是不是没有尽全力，是不是没有上进心，结果答案往往都是否定的。这样，我冲动的概率大大降低了。”

摆脱忧虑就乐活

很多时候，换一种心态就能赶走心中的忧虑：有两个人同时在栅栏中向外看，一个看到的是星星，一个看到的是黑暗，那我们为什么不做第一个人呢？星星在茫茫的夜色中虽微不足道，但它毕竟是光明的化身，毕竟是用它的执着咬破了黑暗的封锁，顽强地让自己的生命之光穿过夜空。只有摆脱忧虑，我们才能活得从容，活得乐观。

无忧无虑才快乐

曾经连任四届美国总统的罗斯福有一次家里被盗，不仅丢了很多钱财，而且很多有价值的文件也不见了踪影。他的朋友听说后马上给他写信，劝他不要太难过，不要为洒在地上的牛奶感到忧虑，而罗斯福的回信则证明这位伟人根本没有感到忧虑：“亲爱的朋友，我很好，心情平静。这是因为：第一，贼只是偷走了东西，没有伤害我的生命；第二，偷走的不是全部家产，还留下许多东西；第三，这是最重要的，偷东西的是别人，而不是我。如果以上三点被颠覆的话，恐怕我就有麻烦了。”

其实罗斯福的生活态度就是当下所倡导的“乐活”。乐活，LOHAS（Lifestyle of Health and Sustainability）的音译，提倡一种健康、可持续、无忧无虑的生活方式。可见，摆脱忧虑才能享受“乐活”这种健康的生活方式。可是，我们在日常生活中总是对生活充满了不必要的忧虑，因而与乐活渐行渐远，这里最典型的例子，恐怕莫过于中国古代的“杞人忧天”了。

在古代的杞国，有一个人经常为不可能发生的事情担惊受怕。有一天吃过晚饭，他拿着大蒲扇在自家门口乘凉，当看到广阔的天空之后，突然想起：“如果有一天，天塌下来了，那我们岂不是都要被压死了？谁能幸免呢？”从那之后，这个杞国人每天都因为此事生活在无尽的忧虑中，不管别人怎么劝说他都不听，结果留下了“杞人忧天”的千古笑话。

一个是已经遭受了重大损失，但是仍然能乐观地生活的人；另一个则是无中生有、心事重重的人。在这两个事例中，我们可以清楚地看到忧虑与乐活的鲜明对比。要想享受乐活的健康生活方式，就要学会摆脱忧虑。

不必要的烦恼

我们大都有过这样的经历：在面临一件比较重要的事情

之前，我们往往瞻前顾后，把可能产生的最坏结果统统想一遍，然后惴惴不安地去实行，但结果往往不会像我们想象的那么糟糕。从科学数据到日常生活经验，从理论分析到实际情况，忧虑很多时候是多余的，只能给我们的生活增加不必要的烦恼。我们一起来看一组事例。

凯瑞大学毕业后应聘到一家不错的公司，试用期三个月。凯瑞很珍惜这份工作，很渴望试用期结束后成为正式员工，所以干活儿特别带劲，想给上司留下一个好印象。结果事不凑巧，试用期还剩一周的时候，他向上司汇报工作，不小心把水杯打翻了，弄湿了几份文件。他赶紧拿纸巾擦干，连声说着“对不起”。虽然上司表示没关系，但是凯瑞对这件事一直很担心，生怕这会影响自己的留任。忧虑让他茶不思饭不想，甚至夜不能寐。结果试用期结束了，凯瑞凭借出色的表现成为公司的正式员工，他才意识到自己的忧虑其实是多余的。

过了不久，凯瑞跟一个姑娘谈上了恋爱。凯瑞很珍重这份感情，使出浑身解数让女孩儿满意。一个周末，凯瑞第一次把女朋友邀请到自己家，想露两手厨艺。周日一大早，他就从床上爬起来，买来材料，准备炖鱼。结果炖鱼的过程中凯瑞又开始担心起来，不是怕料酒放晚了就是怕盐放多了，总之每一个细节都让他忧虑一番，怕有不完美的地方。最后鱼炖好了，味道鲜美，女友非常喜欢，起初的忧虑又多余了。

这样过了一年，到了公司年终总结大会的时候，凯瑞作为工作组的代表要在全体员工面前进行成果展示。眼看年会的日子越来越近了，虽然已经准备充分，但是凯瑞却越来越担心一些“万一”发生的事情，比如到时候没睡好影响发挥啦，上台的时候摔一跤啦，文件拿错啦，等等。结果成果展示顺利进行，忧虑再次显得没有必要。

仔细分析这三件事情，会发现一些深层的东西：第一件事中，凯瑞是为已经发生的事情感到忧虑；第二件事中，凯瑞在为正在发生的，而且是微不足道的小事感到忧虑；第三件事中，凯瑞在为将来的“可能”而忧虑。

其实，科学家已经对我们的忧虑进行了统计、分析和量化。结果是，30%的忧虑源于过去的事情，26%的忧虑源于正在发生的和微不足道的事情，40%的忧虑源于未来可能发生的事情，4%的忧虑源于我们改变不了的事情。这样看来，几乎所有的忧虑都成了多余的，因为，过去的和不能改变的事情，再怎么忧虑也没有用处；正在发生的事情，忧虑只能帮倒忙；而未来的事情，多是人们悲观的想象，更是多余的。因此，忧虑确实很多余。

研究表明，忧虑不仅仅多余，而且会对我们的工作生活造成很大的负面影响，最大的影响就是分散我们的精力。

岳玥是个品学兼优的高中生，从高一至高三上学期，她的成绩在整个年级里一直数一数二，北大清华等名校似乎已经向她敞开了大门。但是，从高三下学期开始，岳玥似乎得了忧虑症，对于高考的恐惧以及对名校的企望让她和很多高三学生一样，陷入了严重的忧虑中。更严重的是，岳玥平时的优秀表现吸引了众多人的目光，这给她带来了比常人更多的压力和忧虑。在这种忧虑的影响下，岳玥的精力没有完全集中在学习上，而是更多地关注自己的成绩和名次，关注自己对手的学习状态，关注其他人对自己的看法。这样一来，精力分散的她学习效率降低不说，自信心也受到了严重的影响，而且出现了严重的失眠、健忘等现象，最终，高考的失败不可避免。

可见，忧虑会大大分散人们的精力，危害十分严重。所以说，忧虑不仅多余，而且非常有害，只有摆脱了忧虑的心态，才能从根本上体会乐活的真谛。

三个步骤赶走忧虑

据说，犹太豆子商人从没有为自己的豆子卖不出去感到忧虑，因为卖不出去的豆子可以泡豆芽儿卖，豆芽儿如果卖不出去就让它长大卖豆苗儿，豆苗儿不好卖就继续培育将来卖盆景，盆景再卖不出去的话干脆留着它长豆子，这样一颗豆子变成了几十颗豆子，多么划算。要是再卖不出去，自己也饿不着，留着豆子做各种各样的豆制品，听上去也很诱人。

相比之下，阿拉伯牧羊人在摆脱忧虑的斗争中，则多了一分计划性。阿拉伯国家大部分地区都是热带沙漠，而且受信风影响显著，这就使当地经常遭受热带沙漠风暴的袭击，当地的牧羊人也常常因此蒙受损失。但是让世人惊奇的是，很少有阿拉伯牧羊人因此感到忧虑；相反，在这样恶劣的生活生产环境中，众多牧羊人依旧能保持乐活的生活态度。

曾经有一个记者前往阿拉伯，深入牧羊人的生活，想了解他们快乐生活的根源所在。结果，记者到达的第三天，当地就遭受了强热带沙漠风暴的重创，据说当时的风暴势力强劲，以至于越过了广袤的地中海，使沿岸的法国也深受其害。当时，牧羊人的羊群就暴露在这种魔鬼般的沙漠风暴中，当时和牧羊人一起在帐篷里避难的记者都为羊群感到深深的忧虑："风暴就像发了狂的魔鬼一样呼啸，中间夹杂着羊群无助的哀鸣。"但是从牧羊人脸上却看不出什么忧虑，记者好奇而又小心翼翼地问牧羊人这次风暴会带来多大损失，牧羊人的淡定让记者吃了一惊："很显然，很可能我的羊群不复存在喽。"那可是两百多只羊，对其倾注的成本、心血、努力真的是难以计算。但是对此，牧羊人却说："留得青山在，不怕没柴烧。值得庆幸的是我的人身安全没有受到威胁，大不了再买一小群从头再来嘛。"

风暴过去了，大部分羊都奄奄一息，这时牧羊人果断地杀死那些小羊，因为它们难逃一死，不能让它们占去太多的资源。然后把健壮的羊赶到水源处去饮水，途中仍需要宰杀一些病残的羊。最后，那些生命力较为顽强的羊终于还是保住了性命。"我还以为要损失全部的羊呢，结果还剩下40%的羊，看来我不需要重新买羊就能从头再来了。"逃脱一场劫难的牧羊人乐观地说。

在阿拉伯牧羊人的事例中，我们可以得到很多启示，最重要的就是如何有步骤地战胜忧虑。实际上，牧羊人的想法、做法正契合了战胜忧虑的三个关键步骤。

步骤一：当自己身处困境之时，停下手中的事情，从整体上审视自己所处的境遇，并推测自己可能面临的最坏结果。一旦推测出最坏结果，你就会发现，原来情况没有想象的那么糟糕，可能你只是被炒鱿鱼或者投资失败，但自己还健康地活着，最后你会发现这根本不是什么世界末日。牧羊人就这么做了，他认为自己可能会失去全部的羊，但是自己的生命并不会受影响。

美国发明大王爱迪生晚年时，自己耗费了大量心血和财力建成的实验室遭受了火灾，结果他站在了另一个高处静静地“观看”大火，“大不了重新建造一个”就是他对最坏结果的推测。

步骤二：找出最坏的结果之后，尽量让自己试着接受它。绝大多数情况下，你会发现，其实最终的结果比自己预想的要好很多，所以也会比较容易让人接受。牧羊人的心态说明他已经接受了最坏的结果。

步骤三：当你在某种意义上接受了最坏结果后，开始制订计划，投入足够的精力、物力，尽最大的努力改变这种结果。牧羊人在沙漠风暴过后积极地处理老弱病残的羊，并把羊赶到水源处喝水，挽救了40%的羊，大大改善了“最坏的结果”。

2010年广州亚运会女排决赛中，中国姑娘用自己的努力感动了所有国人。比赛前半阶段发挥不佳的中国女排以0：2

落后于韩国。但是姑娘们的心态却非常积极，没有任何忧虑成分。“当时我们都没其他想法了，最坏的结果就是输比赛，然后就是一分一分地追，尽量改变这种结果。”结果中国女排把比赛拖入决胜局，又在决胜局挽救两个赛点，最终赢得了这场比赛。

所以，正确地面对自己的忧虑，积极地改变这种心态，我们就可以摆脱忧虑，享受乐活。

不抱怨的人生

不抱怨命运的人，才不会被命运所摆布，抓住机会求得改变；不抱怨他人的人，才不会被短暂的恶所迷惑，在理解和合作中寻求成功；不抱怨逆境的人，才不会因为失落而一蹶不振，怀着感恩在困窘中奋进；不抱怨失败的人，才不会被沮丧所影响，在失败中寻找成功的途径；不抱怨过去的人，才不会在留恋中错失眼前的美景。

试着计算抱怨的次数

希金斯先生刚刚被一家企业聘为总经理助理。但是工作了一段时间之后，他觉得这份工作与自己的预期相差太远，每天除了给总经理端端茶倒倒水，整理一下文件，就是跑跑腿，简直像个打杂的。于是，希金斯的心态不像最初那样积极了，渐渐地产生了抱怨情绪。而且这种抱怨情绪影响很严重，他几乎看到什么就要抱怨什么。

希金斯觉得自己心态出了问题，于是去看心理医生。在心理医生的指导下，他记录了自己一天的生活，想看看自己每天抱怨的内容，以下便是该日记的内容节选。

“早上一起床，阳光就刺得我睁不开眼睛，几只笨鸟吵来吵去，烦死人了……”

“到了公司，又得给老板打杂，人家都坐在办公桌前，想喝水就喝水，想聊几句就聊几句，我却得抱着一摞一摞的文件来回穿梭。保洁阿姨总是在我眼前晃来晃去，搞得我头都晕了。那个叫吉尔的英国女郎，不知道是不是吃了兴奋剂，不停地说啊说啊，吵得头都大了……”

“晚上回来，鸡米花已经卖光了，回家做饭又很难吃，真不知道这种生活什么时候才能到头……”

这篇日记完成后，希金斯照着心理医生的要求，统计了一下自己一天抱怨了多少次，结果他自己都吓了一大跳：在短短的一天时间里，他竟然抱怨了160多次。原本在工作中产生的抱怨情绪，已经深深影响到了生活的方方面面。

接着，按照心理医生的指导，希金斯先生重新审视了自己抱怨的事情，并用红笔勾掉那些自认为不必要的抱怨，结果仍然叫人大吃一惊：只有工作是他自己认为可以抱怨的，其他方面都是可以一笑而过的。换句话说，希金斯一天有了160多次不必要的抱怨。

从这之后，希金斯先生开始注意调整自己的心情了，抱怨的次数也大大减少了。

这个小故事给了我们很多启示。首先，我们所抱怨的事情往往不是什么多严重的事，而是一些琐碎的事情。如果稍微改变一下我们看事情的角度，这些抱怨大都可以忽略；其次，抱怨对自身的情绪有着很强烈的负面感染力，如果一事不顺心，往往就会事事不顺心。那么具体来讲，抱怨究竟会给我们带来什么影响呢？

抱怨的三大危害

现代社会，很多人越来越爱抱怨。究其原因，并不是他们有很多值得抱怨的事情，也不是因为他们内心存在着强烈的不满，而是这些人把抱怨当成了装饰自己的“口红”。著名学者于丹曾说，这些爱抱怨的人“会刻意地去渲染一种感伤，一种‘我生活中的失落’”，向别人诉说自己生活的不如意，达到一种“楚楚动人”的效果，或者将抱怨作为自己向人示弱的装饰，作为保护自己的武器。

但是，经常抱怨能达到这种效果吗？答案是否定的。科学的分析以及翔实的案例都告诉我们，抱怨绝不是可以装饰自己的“口红”，而是人见人厌的“口臭”。它不仅会大大影响自己的形象，而且会破坏他人的情绪，是一大“污染源”。

首先，经常抱怨的人，在别人心中的印象往往会很差。英国某著名研究机构曾经就抱怨这个课题做过调研，研究发现，60%的人讨厌爱抱怨的人，30%的人表示“不能忍受”爱抱怨的人，只有10%的人“可以暂时忍受”别人抱怨。这说明抱怨会损害自己的形象，就像口臭一样，不会受到欢迎。刘潇从国外学习现代舞蹈归来，应聘到一家知名舞蹈学校担任舞蹈教练。他不仅具有一流的舞蹈水平，而且乐于助人。别人请他代课，他总是一口答应，从不推诿。但是，刘潇在同事中的口碑并不好，尤其是下班后或者午休吃饭的时候，刘潇总是一个人，没有谁愿意跟他做伴，这让他很苦恼。原来，刘潇业务能力和人品都挺不错，但就是爱抱怨。班里的学生学得慢，他要跟同事抱怨；今天上班没赶上班车，他也会跟同事抱怨；就连自己做饭时饭烧煳了这种私事，他也要向同事大倒苦水，搞得同事们很不耐烦，但也不好说什么，只能尽量躲开他。所以，经常抱怨会在某种程度上影响自己在别人心目中的形象。

其次，经常抱怨会让自己的情绪变得比较低落，原本很开心的事情也会在这种情绪的影响下，变得让人生厌。本节的引例很好地说明了这一点。希金斯先生本来是对自己的工作有抱怨情绪，但是在这种情绪影响下，他开始抱怨同事、保洁阿姨，甚至会抱怨清晨的阳光、清脆的鸟鸣这些美好的事物。有一位小学生每天回到家中第一句话就是："老师留的作业太多了，根本写不完！"吃饭的时候更是对作业抱怨个不停。有一天，他放学回家后说："烦死人了，老师让我们描写小动物，还让我们在暑假争取养一只宠物！"妈妈听见后很惊讶地说："你不是早就想养一只小猫了吗？老师给你们这么好的机会，你怎么还抱怨呢？"这个小故事中，小学生对老师有了很强烈的抱怨情绪，这种情绪影响了自己判断的准确性，似乎老师所说的话、所安排的任务都必须要抱怨，所以才会对老师鼓励养宠物这种“好事”抱怨了。因此，抱怨会影响自己的正常情绪表达。

最后，抱怨就是一大污染源，往往影响周围人的情绪，使一个集体变得消极，不思进取。心理学家研究表明，每个人心中都有一种情绪的负面能量，而抱怨则很容易将他人的这种负面能量激发出来。如果公司里有几个人喜欢抱怨，就很容易引发一群人聚在一起“嘴上讨伐”公司、领导的现象。这会极大影响公司的安定与团结。

某高中有两个文科重点班，分班的时候为公平起见，两班实力划分得比较平均。一开始，两个班的同学表现都很优秀：上课争先恐后地回答问题，平时的作业和考试都认真对待，结果两班成绩不相上下。但是后来，两个班出现了差距，一班表现依旧优秀，但是二班却有些逊色了。这种差距越拉越大，以致高考结束后，一班考入重点大学的人数远远超过了二班。心理学家注意到了这样一个细节：二班有几位同学，抱怨情绪很重。很多同学都表示，当时受这几个人的影响比较大，导致老师布置作业的时候，自己也习惯性地出现了抱怨情绪，作业更是应付了事；上课时对老师的讲解也会抱怨两句，听不懂的地方都归结于老师讲得不好。这样看来，最终结果出现差距是在所难免的了。所以，抱怨一般不会给人带来积极的影响，它只会破坏自己的形象，影响自己的情绪，而且会损害集体的积极性。相反，不抱怨的人，往往会享受更加快乐、更加受人尊重的人生。

海伦·凯勒受世人瞩目多年。她19个月大的时候，就被一场猩红热夺去了视力和听力，从外界获取信息的途径几乎被掐断了。但是，在黑暗和无声的世界中，海伦·凯勒没有抱怨自己的命运，而是把精力和时间都放在了认真学习和无私奉献上。在老师安妮·莎莉文的帮助下，她学会了写字、说话，并出版自传《假如给我三天光明》。在常人看来，这几乎是不可能的。在一次演讲过后，一位记者问她："夫人，您从小就遭受了命运沉重的打击。在奋斗的过程中，您有没有抱怨过自己的命运呢？""在我下定决心要奋发图强之后，我从来没有抱怨过命运，一次也没有。因为我知道，抱怨不会给我带来任何好处。更严重的是，一旦我抱怨自己的命运，我就很可能开始抱怨周围的一切了，即使它们是那么美好。"海伦·凯勒精彩的回答博得了在场所有人热烈的掌声。可见，抱怨绝大多数情况下会给你带来不必要的烦躁和麻烦，只有停止抱怨才能真正享受美好的生活，才能改变自己的处境。那么，什么样的方法可以让我们摆脱爱抱怨的恶习呢？

几句值得你记住的话

第一句："你没有自己想象的那么差，相反，在别人眼中你可能就是受膜拜的对象。"

有统计显示，很多人爱抱怨的习惯源于自己不平衡的心理，也就是说，当自己在某方面不如别人的时候，心里不容易接受。在生活中我们经常会听到别人抱怨："为什么别人表现得那么好，我就做不到呢？"这种心理要及时摆脱，因为人与人之间的这种比较往往没有必要。即便自己在某方面不如别人，在其他方面也可能会受到很多人的羡慕。

曾经驰骋在网坛上的一对姐妹花有一次会师大满贯决赛。当时实力明显占优势的姐姐在决赛中一点儿都不讲姐妹情分，前后不到一个小时，以2：0轻松取胜。在赛后的新闻发布会上，有记者问妹妹，会不会抱怨姐姐打得太好了，不给自己留机会。妹妹的回答则充满智慧："我觉得没什么好抱怨的，现在我还处于上升期，虽然目前打不过姐姐，但是过几年情况可能就会发生变化。再说，她还老抱怨我身材好，让她没面子呢！"最后一句话让会场爆发出了会心的笑声。

妹妹的回答其实正是关键所在：不要拿自己一时不占优势的地方和别人去比，这样只能让自己不开心，要时常告诫自己："东边不亮西边亮。"

第二句："你开心的时刻，你周围快乐的人，都是你值得收藏的财富；同时记得忘却不愉快的记忆，那只是你前进途中的一个包袱。"

我们一直在强调负面情绪具有很强的影响力，同理，在一定条件下，正面情绪于人于己同样有很强的感染力。当你看到周围的同事很开心时，试着询问一下快乐的根源，这很可能会让你自己也快乐起来，打消抱怨情绪；当自己遇到开心的事情时，试着放大快乐的情绪，同样可以挤走抱怨情绪的空间。

有一位出租车司机，每天总是乐呵呵的，从来没见他抱怨自己的工作或者是生活。一天，他的同事向他询问快乐的秘诀，出租车司机说："很简单，自己如果遇到开心的事，就跟乘客聊一聊，这样乘客受感染就会跟我聊他的开心事；如果遇到不开心的事，就马上忘记，找开心的事情跟乘客聊，这样乘客开心的情绪就会感染到我，哪里还有心思抱怨工作和生活呢？"简单地说，不抱怨的秘诀就是"给点儿阳光就灿烂，给多少雨水都不泛滥"。

第三句："常怀感恩之心，不要把所有的事情都看作理所当然。事实上，所有的事情都不是理所当然的。"

2010年，《中国达人秀》冠军刘伟以他的奋斗历史打动了所有人。刘伟10岁的时候因意外触电，不幸失去了双臂，但是他并没有让自己的生活充满抱怨。他19岁开始练习钢琴，克服没有手臂的诸多困难，现在已经凭借优美动人的旋律征服了海内外众多观众。他曾说："我能像正常人一样生活，养活自己，虽然我体会不到拥抱别人的幸福感，但我能够在琴声中感受到更多的幸福。"有人问他有没有抱怨过命运，他干脆地给予了否定的答案："相反，我很感激命运，它让那场灾难只夺去了我的双臂，但没有夺去我的生命。"有了这种心态，怀着这样一颗感恩的心，谁还会为生活中的小事而抱怨不休呢？

不抱怨命运的人，命运也不会亏待他。

自卑也是一种力量

首先，自卑的意义在于它能促使我们对自我做出某种冷静的剖析；其次，自卑还能避免让过分的“自信”毁了自己的人生。一个人当然不能过分自卑，因为过分自卑会打倒他的毅力和勇气；但也决不可盲目自信，因为盲目的自信容易让人变得狂妄，挡住自己前进的道路。最理想的是把两者结合起来，将自卑与自信的正面力量全部发挥出来，用自卑发现自己内心深处的缺陷，用自信寻找走出迷途的道路。

及时识别自卑心理

小亮大学毕业后，在一家有名的企业里找到了一份很有发展前途的工作，让很多同学羡慕不已。小亮自己也十分兴奋，暗下决心要在这个圈子里出人头地。

怀着要高人一等的梦想，小亮开始了自己玩命般的工作。

早上，他总是第一个到达办公室，给自己制订计划，生怕工作落在起跑线上；晚上，他通常最后一个离开办公室，目的就是要让自己在时间上不输给别人。一段时间后，小亮的工作成绩崭露头角，获得了上司和许多同事的好评。但是让同事不解的是，在这之后，小亮的行为变得有点儿奇怪。在公司例会上，当上司让大家总结自己的工作经验时，他总是很积极地发言，主动跟大家分享自己的经验。在别人发言的时候，他一句话也听不进去，还在背地里冷嘲热讽，似乎只有自己的经验才是制胜的法宝。

慢慢地，这种情况发展得越来越严重。有一次，小亮的一个同事签了一份合同，给公司带来很大收益，上司在例会上表扬了他。小亮觉得自己的荣誉受到了挑战，不服气地站起来说："这算什么？换了我，能做得更好！"之后，只要有类似的工作，他一定要和别人抢，几乎撕破脸皮。而一旦别人得到表扬，他就像是切身利益受到损害一样不能控制情绪。很多人说，小亮太傲慢了，简直是目中无人。但是心理医生经过仔细分析后给出的解释，却让包括小亮在内的所有人感到不可思议："小亮现在有严重的自卑倾向，建议休息一段时间。"

面对众人的不解，心理学家进一步解释道：两个人比个头儿的时候，挺胸抬头、浑身肌肉紧张的那个人，一般不是自信，而是出于自卑。他之所以这样做，是想让自己显得比实际高一些。小亮就像那个挺胸抬头的人，正是由于对自己经验不足、能力尚待提高的自卑，小亮才每天装作自信满满的样子，不想让别人觉得自己无能；也正因为这种自卑，别人得到表扬时，他显得十分紧张，生怕自己被别人看不起。这个真实的故事给了我们一项很重要的启示，那就是：外表强势、傲慢、好强的人，内心往往存在着一定程度的自卑。这也就是说，自卑往往有着表里不一的特点。所以，当你发现自己突然变得非常好强的时候，应该冷静地分析一下自己的心理，因为这时，你很有可能有了自卑倾向。而及时识别表里不一的自卑心理，是战胜甚至利用自卑的第一步。

别让自卑压垮精神

不能否认，自卑是一种很可怕的负面情绪。如果得不到正确对待和处理，一个自卑的人很可能会逐渐地否定自己的一切，认为自己一无是处。很多人就这样郁郁而终。甚至很多人有了自卑心理之后，会变得异常敏感，难以忍受别人的言行，甚至走上不归路。

一个新婚的推销员，一直想着努力工作，多挣一些钱，让妻子过上幸福生活。但是事与愿违，推销员在刚开始工作的几个月里处处碰壁，没有推销出一件商品。看着曾经和自己一起工作的人都小有成绩，推销员顿时生出了强烈的自卑感："为什么别人可以做到，而我就不行？难道我的能力真的不如别人吗？"在这种情绪影响下，推销员郁郁寡欢，逐渐地否定了自己的一切：能力、学历、相貌……终于有一天，在又一次被拒绝之后，想着家中等米下锅的妻子，推销员再也忍受不了这种压力，自杀身亡。

无独有偶，曾有一位大学生阿峰以极其残忍的手段杀死了自己的舍友。警方经调查发现，阿峰家庭贫困，生活拮据；而遇害的舍友家里很有钱，吃穿都是名牌。这让阿峰感到非常自卑，总觉得舍友在炫耀。终于有一天，舍友在给女朋友打电话时说：“一部名牌手机值不了多少钱，你爸不给你买我就给你买！”阿峰听到这里，想想自己连手机都买不起的尴尬处境，认为舍友是在嘲笑自己，失去控制的他拿起水果刀狂捅舍友13刀，导致舍友失血过多而死亡。

在第一个案例中，推销员自卑的根源在于自己的业绩比较差，和别人相比，自惭形秽。但可惜的是，他没有把这种自卑化作努力工作的动力，而是一味地郁郁寡欢，否定自己，给自己凭空添加了很大的压力，因此最终不堪重负自杀身亡。

而在第二个案例中，大学生阿峰自卑的根源在于自己家里没有钱，不能像舍友那样可以享受生活。同样让人感到惋惜的是，他没有把这种差距化为努力学习的动力，而是任凭自己的心理变得越来越敏感，最后毁了两个家庭。

自卑心理具有巨大的负面能量。认识到这一点，我们就迈出了利用自卑的第二步。

超越自卑

可以这样比喻，自卑就是一股形式不定的能量，如果没能正确处理，这股能量就会像炸弹一样瞬间爆发，摧毁自己，伤害他人，就像推销员和大学生阿峰一样；而如果我们正确面对自卑，这股能量就会以正面的形式释放，让我们在自卑中汲取前进的动力，超越自己的极限，得到其他人无法企及的成就。身残志坚的张海迪用她的行动感动了一代人。1960年，年仅5岁的张海迪因患脊髓血管瘤导致高位截瘫。身体致残后的她，不能像正常人那样走进课堂快乐地学习。而她又不甘落后，于是开始了自学的艰难历程。在将近二十年的时间里，她不仅读完了小学和中学的课程，而且自学了英语、日语、德语和世界语四种语言，并攻读了本科和硕士研究生的课程。

在此期间，张海迪还攻读了十几本医学专著，自学针灸，成了当地的“名医”。同时，她还抽空阅读无线电文献，当起了无线电修理工。1983年，张海迪开始从事文学创作，她创作和翻译的作品超过了100万字。

读到这里，可能大家都以为张海迪非常开朗乐观，“自卑”与之是挂不上钩的。但是，张海迪在一次访谈节目中坦言，自己曾有严重的自卑心理，然而也恰恰是这种自卑心理让她奋发图强。“知道自己站不起来后，很长一段时间都不敢出门，怕同学笑话。在我奋斗的过程中，有时难免会出现自卑心理，因为自己身体的缺陷让我和正常人很不一样。但是也正是这种自卑，让我看到了和别人的差距，让我有了一直向前的不竭动力。”

全国人民都很熟悉的舞蹈演员邰丽华身为聋哑人，不能感受音乐的魅力，这让酷爱舞蹈的她十分自卑。但是，这种自卑给了她强大的动力，学舞再苦，她也从不抱怨，“要用身体表现音乐的魅力”，最终她领舞的《千手观音》震撼了世界。

所以，自卑心理有时候是难以避免的，但是如果能够正确地处理，它就能成为前进的动力。当识别到自己出现自卑倾向后，应当马上冷静地审视自己，找出自卑的根源，进而加倍努力，弥补自己在有关方面的不足，从而在根本上打败自卑，汲取前进的力量。

自卑的力量

其实，适度的自卑有很大的力量。如果正确地加以利用，会对自身的成长、成熟有很大的帮助。

第一种力量——自卑是谦和的母亲。也许你已经发现了这样的现象：当别人赞美你的时候，即使你知道这是毫无意义的奉承，也会舒舒服服地接受；但是当别人指正你的错误，对你好言相劝时，你却不乐意接受，全然不顾“忠言逆耳利于行”的古训。这正说明，人总是会或多或少地有些自大心理的，这种自大心理通常会阻碍我们前进的步伐。相反，一定程度的自卑心理，能让我们冷静地剖析自身的不足，找到自己的短处，从而激励我们不断地努力。

有一位在军队里不可一世的军官经常对下属吆三喝四，对别人的意见也置之不理。后来，由于种种原因，军官转业了，到家乡的电力部门任职。当地人对他在部队自高自大的表现都有所耳闻，猜测他在电力部门仍然会很高傲，他的同事对他更是避而远之。但是出乎所有人的意料，军官到电力部门任职后，就像换了一个人似的，为人谦和有礼，经常让同事帮忙寻找自己身上的不足；工作认真负责，甚至经常加班到深夜。就这样，军官在单位的工作取得了很大的成绩。

后来有人对此十分不解，壮着胆子问他为什么变化会这么大。军官说：“我在部队这些年没有好好读书，没多少文化，工作技能和同事差距很大，这让我有些自卑，哪里还有资格对别人大喊大叫呢？为了不让别人笑话，自己加班加点完成工作也是应该的。”

在这个案例中，军官感到自卑后，冷静地找到了自己的不足之处，而后紧接着努力弥补，因此事业取得了长足进步。

第二种力量——自卑是敬畏的源泉。很多时候，我们都对别人的一句话、一种行为耿耿于怀：“他以为自己是谁呀？凭什么这么说我？”“我都没有这么做过，他有什么资格这么做？”这说明，我们很多时候不懂得尊重别人，总是把自己放在中心的位置。而适当的自卑，会让人从这种自我膨胀中解脱出来，懂得如何敬畏别人。美国曾经有一位一夜走红的演员，自认为很了不起，于是肆意地在公众场合攻击他人的演技，仿佛自己是最优秀的演员。然而舆论几乎一边倒地指责他，很多专栏作者和评论家纷纷撰文，认为他不懂得敬畏别人，将葬送自己的演艺生涯，甚至为他送上外号“傲慢王子”。不久，他的经纪人因承受不了舆论的压力，辞了职。离开之前，经纪人给演员留下了一封信。信中，经纪人把这位演员和很多有名的甚至名不见经传的演员做了比较，指出了他演技的二十大缺陷，并忠告他要敬畏别人，适度自卑。

演员看过信后，仔细地思考了信中的内容，认为很有道理。于是他自此提醒自己，要正确评价自己，懂得敬畏他人。在拍戏时，他会主动为剧组的演职人员买零食；参加走秀时，他会为资格老的演艺界前辈让路；在公共场合讲话时，他也变得谦逊有礼。乃至有评论家惊呼：“当年的‘傲慢王子’如今变成了另外一个人！”随着舆论环境的好转，他的演艺事业也登上了新的高峰。

可见，自卑心理中潜藏着巨大的能量。我们如果可以主动寻找自卑的根源，把握自己的心理，就可以很好地利用自卑这股潜藏的能量，助力自己的成长之路。

嫉妒其实不可怕

为什么人会产生嫉妒情绪？很大程度上是因为不能忍受别人比自己强。所以，从某种意义上说，嫉妒情绪正是人们不甘于落后的体现。因此，如果正确利用嫉妒心的话，是可以将其转化为我们前进的动力的。

嫉妒，让兄弟形同陌路

阿贵和阿力上大学的时候是同班同学。阿贵家境殷实，吃穿都很有品位；而阿力则家境贫寒，不得不申请助学贷款，平时更是省吃俭用。出于同学的情谊，阿贵经常帮阿力买一些生活必需品，为他解决燃眉之急；心怀感激的阿力在学业上也尽量帮助阿贵。就这样，两个人的关系越来越好，几乎成了形影不离的兄弟。可谁也没想到，几年之后，这对兄弟居然形同陌路。

大学毕业后，阿贵的父母为他在北京找到了一份工作，而且添置了房产，阿力则选择了继续读研深造。三年后，阿力硕士毕业，准备到北京闯一闯。幸运的是，北京的一家知名企业对阿力的简历很感兴趣，给了他面试机会。接到通知后，阿力心想，自己在北京无亲无故，只有大学的好兄弟阿贵，不如跟他联系一下，分享一下这份喜悦，到时候也能有个落脚的地方。于是阿力兴奋地拨通了阿贵的电话。一开始，两个人因为阔别多年，彼此都很想念对方，所以聊得非常开心。但是当阿力把自己要去北京该公司面试的消息告诉阿贵时，阿贵的语气突然低落了下来，但还是很客气地表示尽量给他安排住处。然后，阿力挂了电话，收拾行囊，前去北京。

可让阿力没有想到的是，到了北京之后，阿贵没有像事先约好的那样在火车站等候他，而且手机竟然一整天都处在关机状态。阿力顿觉手足无措：身上没有多少钱，唯一可以依靠的人却联系不上，天色也眼看着黑了下来。就这样，阿力凑合吃了一点儿东西，在火车站旁边的小旅馆住了一晚，却怎么也睡不着……

第二天，阿力早早地赶到了公司参加面试。面试进行得很顺利，结果将在三天后公布。走出公司大楼，阿力想再试试运气，于是给阿贵打了电话，阿贵仍然关机。阿力彻底灰心了，在小旅馆又度过了三个不眠的夜晚。

万幸的是，阿力顺利地通过了面试，进入了试用期，而且住进了职工宿舍。试用期结束后，表现出色的他转为公司正式员工。工作后第一年，阿力拿到了一笔不菲的年终奖金，又想起了好兄弟阿贵，于是试着拨通了他的电话。电话那头，阿贵似乎有些尴尬，当他听到阿力现在的工作成绩时，客客气气地表示了祝贺。阿力提出要请他吃顿饭，好一起叙叙旧，但没想到他以自己太忙为由推掉了。

又经过一段时间的打拼，阿力成了人事部的经理，收入不菲，终于在竞争激烈的职场有了一席之地。一天，他突然接到了阿贵的电话。电话那头，阿贵吞吞吐吐，有话又不好意思说出来。在他断断续续的叙述中，阿力获悉他丢了现在的工作，想请阿力帮忙推荐一份工作。但是自始至终，阿贵都没有开口向阿力明确地寻求帮助。就这样，阿力也不好意思直接帮他，也没把这事放在心上。又过了一段时间，阿力听说阿贵回了老家，也就是他们上大学的地方，他的父母在那里给他找了一份普通的工作。“如果以后有机会再见面的话，”阿力想，“我们应该会是陌路的行人，谁也不会影响谁的轨迹。”

可能阿力直到最后也不能理解，为什么当初那么要好的兄弟会对自己这么绝情，这么不信任。答案其实很简单：因为阿贵有一种魔鬼般的心理在作怪，那就是嫉妒心理。

嫉妒是一种很复杂的复合型负面情绪，它是焦虑、自卑、愤怒等多种情绪的集合。但是嫉妒的成因很简单，那就是别人拥有一种重要的利益，自己很想得到，但凭借自己的能力却又不能得到。换句话说，就是别人比自己强，而自己暂时却对此无能为力。

在上述案例中，阿贵的起点很高，在他心中，两个人关系好的基础就是自己比阿力强。但是随着个人能力的发展，阿力逐渐超过了阿贵，这让阿贵一时适应不了，进而产生嫉妒心理。

嫉妒的负面能量

与其他负面情绪相同，嫉妒会产生巨大的负面能量。被嫉妒恶魔控制的人，往往会片面放大自身的负面感受，变得比较敏感。如果自己没有及时意识到并处理这种情绪，嫉妒会让好朋友变得形同陌路，甚至成为不共戴天的仇敌。

无独有偶，有两个正在上初中的好朋友，吴超和吕岩，学习成绩都在年级名列前茅。一次，班里投票选举校级三好学生，吴超比吕岩多一票，获得了这项荣誉。放学后，两个人像往常一样一起回家。路上，吴超怕吕岩不开心，于是安慰他说："其实这也没什么，都是过眼云烟，不用太在意。"吕岩嘴上没说什么，心里却想："你心里肯定特别高兴，何必做出这么一副假惺惺的样子！"从此便疏远了吴超。年少的吴超自尊心也很强，以后也不再主动跟吕岩说话。两位少年时期的朋友，就因为一次选举，变成了陌生人。

很显然，在嫉妒情绪的控制下，吕岩同样放大了自己的感受，戴上了有色眼镜，把对方的好言相劝当作了讥讽之言。可见，嫉妒的负面能量可以拆散原本牢固的友谊。更有甚者，一些人嫉妒心理更加严重，因而负面能量更加巨大，其行为更具破坏性。

20世纪70年代，法国发生了一起恶性杀人事件：一名30岁的单身女郎残忍地溺死了好朋友的孩子。原来，杀人犯的好朋友七年前就结了婚，但一直过了六年才有了孩子。单身女郎本该为好朋友高兴才对，但是她联想到自己一直未婚的境地，对朋友产生了极强的嫉妒心理。这天，朋友外出有事，托单身女郎照看自己的儿子，但万万没有想到，这个简单的请求竟然被女郎误解为向她示威的表现。朋友走后，嫉妒心膨胀的单身女郎越想越生气，一气之下将小男孩溺死。

可见，嫉妒情绪有着很强烈的负面能量，情绪越强，能量也越强。但这是否意味着我们无法战胜嫉妒情绪呢？答案是否定的。只要我们采取合理的办法，是可以制伏，甚至可以利用嫉妒情绪的。

制伏嫉妒的三重境界

第一重境界是扩建内心的蓄水池。有个小女孩嫉妒心很重，妈妈发现这种不良倾向后，建议她在日记本中记录下每天让自己感到嫉妒的东西。于是女孩从8岁开始记录，一直记到18岁。18岁生日那天，女孩的妈妈让她拿出日记本，随便读一读，看看她能发现什么。于是小女孩捧着日记挑选着读了起来：

“今天我8岁了，爸爸妈妈给我过生日，但是只给我买了一个单层蛋糕。人家小美过生日的时候吃到了双层蛋糕，为什么人家就比我好？！”

“妈妈说，我都12岁了，不能老像个小孩子那样嫉妒别人。可是今天晓峰上课回答了一个简单的问题就受到老师的表扬，我能不嫉妒吗？”

“我都16岁了，花季雨季的大好年华，却没有男生追！萍萍长得也不怎么好看嘛，凭什么就让好几个帅哥抢？我哪里比她差？！”

读完日记，女孩若有所思地凝视着某个角落。“怎么样？已经成年的你还会为当年这些事情感到嫉妒吗？”妈妈问道。女孩摇了摇头。妈妈会心地笑了。

是的，每个人的内心就像一个蓄水池，当你阅历浅薄的时候，这个蓄水池就会很小，一点点小事就会让嫉妒情绪泛滥成灾；如果我们有意识地扩建蓄水池，提高自己的承受能力，就会变得越来越从容淡定，远离嫉妒情绪。案例中，小女孩一步步的成长经历就是在扩建着这个蓄水池，所以她在成年的那一天去回顾自己的嫉妒情绪时，发现当时的嫉妒是完全没有必要的。

要想扩建内心的蓄水池，除了自然成长之外，还有很多方法。第一，多读书。书如人生，读书就是一个看别人的故事、想自己人生的过程。因此阅读量的提升可以丰富一个人的阅历，增长见识。第二，善于反思和总结。很多人经历了一件同样的事情，但是从中获得的东西会相差很大。只有经常反思自己的行为、不断总结提高的人，才是生活中真正的有心人，才能在有限的时间里最大地丰富自己的内心。

第二重境界是适时开闸泄水。和其他负面情绪一样，嫉妒情绪同样需要适当地发泄。蓄水池中如果水太多了，就会有决口的危险。因此，适当地发泄嫉妒情绪，是战胜嫉妒必不可少的一步。

曾经有一位退伍的特种兵回忆自己的戎马生涯，在他的回忆录中，有这样一段记载：

“今天，商场里发生了一起歹徒劫持人质事件，刘大队亲自点兵前去。我真不明白，我各项军事考核都是优秀，凭什么不让我去？老乡小喜就参加了这项行动，他比我能力强吗？”

“晚上吃饭之前，怀着一肚子的嫉妒，到山上跑了十千米路。回来之后，又猛打了一个小时的拳击。然后洗了澡，晚饭吃了好多。感觉心里舒服多了，想想也没什么，机会总会有的。再说了，刘大队不让我去，也许另有安排。何况，这和小喜也没有什么关系。”

可见，体育运动是发泄嫉妒情绪的好办法。科学研究表明，嫉妒情绪会让人产生一种紧迫感和压抑感，严重的时候甚至会有一种欲先除之而后快的心理。而运动可以加快血液循环，使身心得到较好的放松，从而改善人们的心理状况。其次，记日记也是一个好方法。记日记的过程不仅仅是发泄不满情绪的过程，更是较为冷静地审视自我的过程。很多人在记日记的时候会发现自身的一些不足，于是之前的嫉妒情绪会大大削减。

最高境界：化嫉妒为动力

某著名女舞蹈演员接受记者采访时，回忆起成名前在一家知名舞蹈学校学习的经历，感慨万千。当时，由于她的形体原因，每一次班级排集体舞，她都被安排在最后一排。

“十几岁的小姑娘都很要面子，当时我心里特别不能忍受每次排舞都在角落，也受不了别的伙伴嘲笑我。尤其是当我看到领舞的演员高兴的样子，心里就特别不服气，发誓一定要超过她。那段时间在学校里，我成了最勤奋的人：早上五点就起床，比别人多练一个小时；白天除了吃饭之外就是练舞，还要跟老师交流，请老师为我指出不足之处；晚上九点半下课，可我还是坚持练到十一点，然后才匆匆回宿舍。现在想想那段时间真的挺苦的，但是好笑的是，让我能坚持吃这么多苦的，竟是我的嫉妒心。”后来，这位演员逐渐成为领舞，并在一次演出中大获成功，一举成名。

上帝给的宝贝，叫不幸

明代的启蒙图书《增广贤文》有这样一首诗："未曾清贫难成人,不经打击老天真。自古英雄出炼狱，从来富贵入凡尘。醉生梦死谁成器，拓马长枪定乾坤……"这首诗讲述的道理就是不幸能让人磨炼，在逆境中坚韧地成长，越挫越勇。一个人人生中的不幸，会教会他很多做人的道理，也会让他获得很多人生的经验。某种程度上说，不幸是一所最好的大学，也是上帝赐予的宝贝。

上帝助你一臂之力

迪克森今年37岁，事业有成。他经营的文具已经成了当地的知名品牌。迪克森的儿子汤姆9岁了，由于家庭条件非常优越，几乎是衣来伸手，饭来张口，虽然学习成绩很差，却也过着无忧无虑的生活。

小汤姆很崇拜爸爸，一心想成为像爸爸那样的成功人士。

但是，养尊处优的他没有吃苦的精神，便寄希望于上帝，希望得到上帝的帮助。“上帝啊，我虔诚地向您祈祷，请您让我变得跟爸爸一样成功吧！”每天睡觉前，汤姆都会这样对上帝祷告。

时间久了，汤姆这种祈求成功的虔诚和坚持祷告的行为感动了上帝，上帝决定助他一臂之力。一天晚上，在汤姆像平常那样祷告的时候，上帝出现在了他的面前，问道：“年轻人，你是不是一直想成为成功人士？”

“是啊，像爸爸那样。”汤姆坦言。

“念你心意虔诚，我送你一件宝贝。”上帝说着，掏出了一个小盒子交给汤姆，“把它带在身上，好好利用它的价值，总有一天你会成功的！”说罢，上帝就消失了。

汤姆如获至宝，翻来覆去地研究这个盒子，却怎么也打不开。这时，他不禁想起了上帝的话：“把它带在身上就好。”“也许带在身上就能起作用吧！”汤姆想。从这之后，汤姆每天都带着这个小盒子，甚至连睡觉的时候都要抱着它。可是让汤姆没有想到的是，自从得到了这个宝贝，不幸的事情却接踵而至。汤姆10岁那年，父亲迪克森的公司破产，父亲由腰缠万贯变得一文不名，卖掉了豪宅，一家人搬进了又小又破的公寓，而且经常因交不起水电费而被断水断电。一年之后，母亲受不了窘迫生活所带来的压力，扔下了迪克森和汤姆，和一个有钱人远走高飞。

不幸的事情并没有结束。汤姆读高中的时候，父亲在找工作的路上遭遇车祸，变成了植物人。由于支付不起住院费，父亲在手术后只能回家休养。这就意味着汤姆每天不仅要想办法养家，还要照顾父亲，这让汤姆只恨自己分身乏术。这样的不幸，让汤姆把上帝送的宝贝早已忘到了九霄云外。不过幸运的是，在这些艰难的日子里，汤姆从来没有放弃过对生活的希望，日子再苦，咬一咬牙也就撑过来了。在遭受连续不幸打击的这些年里，汤姆学会了独立，学会了坚强。父亲破产后，他没有放弃学业，而且在加倍努力学习的同时打零工来补贴家用。后来，为了节省开支，汤姆放弃了到大学深造的机会，而是在家中自修了经济学、哲学等学位。

在自学大学课程的同时，汤姆经营起了自己的生意。一开始没有钱，他就到大学推销文具，赚取小额差价。后来，略有积蓄后，汤姆开了一家文具店。接下来的事情终于变得比较顺利了，凭借着汤姆独特的经营理念和广阔的知识视野，他的文具生意越做越大：十年中，他在全国拥有了一百多家连锁店，成了国内知名的文具商。

就这样，汤姆走过了不平凡的一生。临终时，他突然想起了上帝送的那个盒子。望着这个充满魔力的盒子，汤姆终于明白了："原来上帝给的宝贝，叫不幸……"

"在一系列不幸的锤炼中，幸福终将如期而至。"汤姆的经历不禁让人想起了中国的那句古训："天将降大任于斯人也，必先苦其心志，劳其筋骨，饿其体肤，空乏其身，行拂乱其所为。所以动心忍性，增益其所不能。"不幸，是提醒人们珍惜生活的警钟，是激励人们不断前进的号角。所以，不幸，是上帝赐予每个人的宝贝。

不幸换来边际幸福

经济学界有一条著名的边际效用递减规律。所谓效用，通俗地讲，就是客观事物可以满足人们某种需要的属性。如果相同的客观事物连续地、重复地出现，人们得到的满足感就会下降，甚至减少。这一规律不仅适用于经济领域，而且可以扩展到社会生活的方方面面。比如，一个人在沙漠中迷了路，当他快要渴死的时候幸运地获救了。这时，救援人员给他喝矿泉水，第一瓶水把他从死亡的边缘拉了回来，赋予了他生命，因此效用最大；第二瓶水让他恢复体力，同样让他得到很大的满足感，但是效用没有第一瓶显著；而从第三瓶开始，他已经不需要水了，如果再给他喝水的话，他的满足感会大大降低，甚至健康受损，这时矿泉水的效用就变得很小。这就是边际效用递减规律的通俗表现。

生活中也是如此。随着科技和国力的不断发展，人们的生活水平越来越高。这种美好生活可以看作一项客观事物，给人们满足感，即具有效用。但是，在快乐的日子一天一天飞逝的时候，幸福生活的边际效用会逐渐递减，于是人们通常会渐渐变得麻木，忘记了应该珍惜眼前的美好生活。在物质极度匮乏的年代，吃一顿饱饭就让人感到很幸福，可如今大鱼大肉的生活也难以让人们得到满足，这就是俗话所说的“身在福中不知福”的道理所在了。而不幸则像生活中的插曲，它的出现会打破幸福生活的连续性，从而让人们在幸福与不幸的反复之中，一直得以享受较大的边际幸福，从而懂得珍惜来之不易的幸福。所以，不幸的事情，总能唤起人们的珍惜之情。

2008年5月12日，四川省汶川地区发生大地震，前后有将近十万人遇难或失踪。房屋纷纷倒下的一刹那，一对结婚十年的夫妻被埋在了废墟里。十年的婚姻，让没有孩子的夫妻俩都有些疲惫。感情虽然没有破裂，但也没办法再维系下去。地震前，他们已经在谈判，打算协议离婚了。没想到，濒临破裂的婚姻遇上了地震，两个人在家里瞬间陷入了黑暗。

夜幕降临，夫妻俩的呼吸越来越困难，压在身上的水泥板也越来越重。这时，竟然又下起了大雨，冰冷的雨水打湿了两个人全身。在巨大的绝望情绪笼罩下，丈夫想到了放弃。他对妻子说：“我不行了。如果你能活着出去，一定要好好生活。”妻子抽泣着鼓励他：“你能活下去，咱们都能活下去，一定要坚持，千万别放弃。”

在无尽的黑暗中，夫妻两个人摒弃前嫌，互相鼓励。几十个小时后，两个人终于获救。这段不幸的经历成了挽救他们婚姻的良药。冷漠与厌倦一扫而光，感情又重新进入新鲜期。康复后，夫妻俩再次坠入爱河。他们自己心里清楚，若非两个人在生死关头始终守候，坚持不渝，他们可能已经离开这个世界了。虽然他们辛苦打拼下的家业毁于一旦，但只要两个人守候在一起，幸福就会围绕在身边。

不幸是助推器

“不幸”在很多情况下并不是所处环境的客观状态，而是人们自身的感受，这种感受多是和别人比较之后的结果。在旧社会，一年能吃上一次肉的人，不太可能感到生活上有什么不幸，因为相比之下，其他人还都饿着肚子；而在今天，一周只吃一次肉的人则很有可能感到不幸，因为其他人的生活水平远在自己之上。

感觉自己不幸并不是一件坏事，因为这正是一个人认清自己与他人差距的表现。这种较为低落的情绪，能够让人们审视自己的境况，发现自身的不足，从而激励自己不断前进。“如果一个人从未感到过不幸的话，那么他就不会有什么作为。”因此，“不幸”也是人的一种主观感受，只有感到自己处境的不幸，才有动力向着更高的目标奋进。

冬天来了，春天还会远吗？

虽然从理论上讲，不幸可以让人们珍惜所有，奋发图强，但不能否认的是，人的情绪对外界的反应十分敏感。长时间处在不幸的境况中，难免会消磨人的意志，打击人的积极性。这时要牢记，不幸只是暂时的，你越是乐观，你的不幸将越有可能马上消散。所以，在经历不幸之时，要保持乐观的心态。

某报曾经报道过一个名叫逯家蕊的袖珍女孩。她年近30岁，身高只有116厘米。在重重考验下，她拿下了本科学位，英语通过专业八级，现在一家制药厂从事翻译工作。

“‘矮小症’是上帝跟我们开的一个玩笑。”她曾经这样说。从小到大，“矮小症”这种先天疾病给家蕊带来了各种各样的不幸：小时候，经常被一些同学嘲笑欺侮；高考的时候，监考老师以为她是小孩子，不让她进考场，幸亏校长及时赶到，否则会错过考试；上了大学，身材矮小的她在食堂够不到打饭窗口，只能吃泡面，洗手池和电梯按钮对她来说都是很大的挑战。在奋斗过程中，家蕊虽然哭过，虽然抱怨过，却从未放弃乐观的态度。“我知道所有的不幸都会过去，我愿意用乐观接受上帝的安排。”她一直这样激励着自己，并取得了别人难以想象的奇迹。“用乐观面对不幸，不幸就会变成你的垫脚石。”一个记者这样称赞她。

因此，不幸是每个人都会得到的宝贝。有了这件宝贝，我们才能珍惜现在的生活，才能在逆境中奋起直追，才能获得更大的成功。

Part 03

破译快乐密码，做自我情绪的总导演

人生就像一场战争，不到生命的最后一刻，胜负难分。在这场战争中，高情商就像有力的武器，在关键时刻拯救自己于水火之中；就像开启快乐的钥匙，发掘你内心最深处的智慧；就像点亮内心的明灯，照亮你的人生之路。

03

积极的心理暗示，成就美好人生

受暗示性是人的心理特性，它是人在漫长的进化过程中，形成的一种无意识的自我保护能力。人们在追求成功时，会设想目标实现时非常美好、激动人心的情景。这个美景就对人构成一种暗示，它为人们提供动力，提高挫折耐受能力，保持积极向上的精神状态。只要你能时常给予自己积极的心理暗示，美好的人生就不难成就。

“杯弓蛇影”与“望梅止渴”

工业革命初期，美国某州的农业区建起了一座纺织工厂。“工厂”在当地可是闻所未闻，见所未见的。对于这个四四方方、高高大大，头上还插着一根大烟囱的“怪物”，大多数人都充满了疑惑与恐惧。与此同时，可怕的谣言也在迅速流传：“听说这个东西是密封的，进去工作的人都会被闷死。”在这种情况下，纺织厂招工面临着很大的困难，很多前来应聘的人都是迫于生计，不得已而为之。更为严重的是，工人在做工的时候，总是受谣言的影响，不自觉地暗示自己：长时间工作下去，可能会被闷死。因此，不仅生产效率非常低，有些工人甚至出现了胸闷、恶心等不良反应。厂部发现这个问题后，一筹莫展。想要在短时间内打破工人陈旧的观念是非常困难的。这时，一个心理学家为工厂提出了一个看上去让人摸不着头脑的建议：在工厂窗户上悬挂大量的丝带和风铃。虽然厂部不知道悬挂丝带和风铃的目的是什么，但还是照做了，结果却让人喜出望外：在两个月的时间内，没有工人出现不良反应，生产效率大大提高；工人的心情比之前愉悦了许多；前来应聘的人也多了起来。

原来，心理学家正是运用了心理暗示的原理。原本工厂的窗户很多，通风条件很好，工人们之所以胸闷显然是受了不良心理暗示的影响。在窗户上悬挂丝带和风铃后，丝带不断地飘动，风铃也发出悦耳的铃声，这都表明了新鲜空气在源源不断地吹进车间，心理学家以此为工人创造了积极的心理暗示。显然，这种积极的心理暗示收到了很好的效果。个中道理正与中国古代“杯弓蛇影”的故事暗合。

有一个著名的笑话，讲的也是心理暗示的作用，不过这个故事更像曹操的“望梅止渴”。

英国有一位官员，他对新鲜空气的喜爱程度超过了人们的想象，即便在寒冷的冬夜，也一定要开着窗户睡觉。一年隆冬时分，官员下榻在一家高级宾馆。由于天气冷，房间的窗户

都关得严严实实。但宾馆设施先进，虽窗户紧闭，仍舒适宜人。

晚上睡觉的时候，躺在床上的官员突然想起窗户没有开，于是突然感到一阵胸闷。但他实在太累了，懒得下去开窗户，于是拿起床头柜上的水杯，朝着窗户砸了过去。随着清脆的玻璃破碎声，官员顿时感到一股清新的气流扑面而来。他贪婪地吸了两大口新鲜空气，心满意足地睡去了。第二天醒来，官员还沉浸在新鲜空气的感觉中。想到昨天晚上砸烂了玻璃，官员不觉朝着窗户的方向望去，结果让他差点儿叫了出来：所有的窗户都完好无损，反而是窗户旁边的穿衣镜被打碎了。“天啊！昨天晚上的新鲜空气是从哪里来的？”是的，根本就没有什么新鲜空气，官员的感觉全部来自心理暗示。这两个故事都阐释了一个道理：心理暗示会对人产生非常大的影响，可以是正面影响，也可以是负面影响。

说到心理暗示，很多人并不知道其真正含义。用一句话来讲，心理暗示就是人们受自身或外界的态度、判断、情绪的影响的心理特点。著名心理学家巴甫洛夫认为，心理暗示是人们最简单的反射：心理受到某种事物（真实存在或者想象中的）一定程度的刺激后，主观上会产生承认这种事物存在的趋势，接着人的行为会按照这种趋势进行下去。这便是心理暗示的反应链条。不难看出，心理暗示影响的好与坏，取决于暗示本身的积极与否。因此，我们要摒弃不良暗示，建立积极的心理暗示。

不良暗示对抗积极暗示

研究表明，大多数人都经历过“逆向选择”。所谓“逆向选择”，是指当自己越不希望某种事情发生时，这种事情发生的概率反而会增大的现象。英国某研究机构通过数据分析，得出了这样一个结论：新手开车时如果想着“千万别蹭车”，蹭到车的概率反而增大很多；体弱的人越想着“别生病”，病魔反而越容易缠上他。有人会说，上述现象中，人们确实也在进行着心理暗示，而且表面上看这种暗示是积极的。其实不然，类似于“千万不要”这样的暗示，大多是消极的。

生活中，很多人习惯于用“反正”“没办法”“总之”之类的词汇，以此表示自己的无能为力。殊不知，这种词汇绝对是心理暗示中的忌语，因为使用它们，就意味着你在为自己的失败找所谓的客观理由了。将自己的失败包装成“正常”的现象，认为是自己无法改变的结局，这正是消极心理暗示的恶果。这种话说出来，就意味着放弃了思考和进步的机会，缺点和不足被“正常化”了，自己也会被困在一个小圈子里，很多原本可以做的事情也变成了不可能。所以，杜绝“忌语”，是建立积极暗示的必由之路。

拿破仑建立法兰西帝国后，连年征战。为了对付来势汹汹的法国军队，英国和欧洲其他国家结成联盟，由威灵顿将军来指挥联盟军队。在强大的法国军队面前，威灵顿将军一败再败，退无可退。在又一次失败之后，联军被打散，他带着一小股军队逃到一个山谷里，人困马乏，士气低落。威灵顿将军无精打采地走进一所破房子，倚靠在墙脚，打算休息片刻。

经历了这么大的失败，他根本睡不着。他一直在想该如何应对当前的局面。前前后后想了很多，却一个又一个否定了自己的办法。最后，他悲观地下了结论：这场战争不可能胜利了。正在胡思乱想时，威灵顿将军看见墙角有一只蜘蛛在织网。它小心翼翼地拉着一根蛛丝，还没到对面墙角就被风吹断了。蜘蛛没有灰心，而是爬回起点，开始拉第二根线，却重复了刚才的结局。威灵顿将军想起自己的失败，心中顿时生出无限感慨。“蜘蛛啊，你何必白费心思呢，这是不可能成功的。”他自言自语道。蜘蛛却没有如他所愿，而是来来回回地忙碌，任凭风一次又一次吹断自己的蛛丝。

威灵顿将军心里越来越悲凉。他垂下头，不敢再去看蜘蛛。想起自己的处境，他愁肠百结，不知如何面对自己的国家和人民。无意间，他抬起头瞥了一眼蜘蛛，惊讶地发现蜘蛛已经成功地织出了一张网，并不慌不忙地继续吐丝加固。

威灵顿将军心中一颤，被蜘蛛越挫越勇的精神深深打动了。他走出房子，召集士卒，集结军队，再次制订了新的作战方案。终于，在滑铁卢一役中，他打败拿破仑，取得了决定性的胜利。

心理暗示对人们的日常生活有着强大的影响力。我们应该分清何为积极暗示，何为消极暗示，建立强大的自信心，并注意生活中的小细节，以此来建立积极的心理暗示。

建立积极的心理暗示

心理暗示的积极与否取决于暗示者的自信心是否充足，所以看上去它与个人性格有着很大联系，似乎是人们不能左右的，其实不然。如果我们注意生活中的细节，配之以科学的锻炼方法，是可以建立积极的心理暗示的。

宋代著名文豪苏轼与佛印和尚是好朋友，两个人相交甚欢，有时也不免开一些文字玩笑。有一次，苏轼与佛印一同在水边垂钓。佛印问苏轼：“你看我像什么？”苏轼想到前几天刚刚被佛印羞辱了一番，于是赌气说：“我看你像臭狗屎！”接着，苏轼问佛印：“那你看我像什么呢？”佛印数着念珠，不卑不亢地说道：“你在我心中像一尊佛。”

这让苏轼心里乐开了花，满心以为自己打了个胜仗。回家后他兴冲冲地跟自己的妹妹苏小妹讲了这件事情，苏小妹笑道：“你又输了。佛印是因为心中有佛，所以所看之物皆为佛；你心中是狗屎，所以就以为佛印像狗屎了！”

这个故事告诉我们，对待周围事物的态度往往反映了自己的心智。反过来，对于周围人与事评价的改变同样会影响人们的心态。多去赞美周围的事物，把眼光集中于积极方面，就会不自觉地向自己传输积极的暗示；如果把眼光局限于事情的阴暗面，同样会受到相同程度的消极心理暗示。所以，适当调整对待周围人与事的态度，会大大影响自己的心理暗示。

比如，星期天早晨起床后，你发现是个大晴天，白天温度可能会很高。这时你有足够的理由抱怨天气：“好不容易等到周末，结果这么热，又得在家里吹一天空调了！”这样想着，就会在不知不觉中受到消极心理暗示的影响，一整天都会心烦气躁。当然，你也有足够的理由赞美天气：“哇，这么好的天气，正好可以把衣服被子拿出去晒，而且下午可以跟好朋友一起去游泳啦！”有这种想法和态度，自己就会受到积极暗示的影响，周末的心情也会轻松愉悦。可见，赞美周围的人和事，会给自己传递积极的心理暗示，因此我们在生活中要多一分赞美，少几分抱怨。

梦想的价值

在北京奥运会举办之前，一首《北京欢迎你》风靡街头巷尾——“有梦想谁都了不起，有勇气就会有奇迹……”这积极向上的歌词瞬间给予人一种不懈奋争、不辍追求的动力。在随后的日子里，那位曾在死亡线上挣扎过来的中国力士张湘祥，敢于直面失败，敢于与天抗争，终于成了举重之王；南非姑娘杜托伊特，虽然没有左小腿，但依然拼到了10千米公开水域游泳比赛的最后……一个个感人至深的故事与场景，真切地让人感受到了梦想的价值与力量。

梦想是人生的灯塔

美国哈佛大学曾进行过一项著名的跟踪调查，目的在于揭示梦想对人生的重要意义。这项调查的对象是一群智商、学历、所处环境都差不多的年轻人。调查结果为：27%的人没有任何人生梦想，60%的人梦想模糊，10%的人有清晰但比较短期的梦想，只有3%的人有清晰且长期的梦想。

25年后，当初那些年轻人的生活境遇发生了翻天覆地的变化：有着清晰且长期梦想的人，二十五年如一日，一直朝着自己的梦想前进，所以大都成为顶尖的成功人士，其中不乏社会精英、行业的领导；有短期梦想的人，他们的目标不断被提升，因此生活状态稳步提升，最终成为各行各业不可或缺的专家级人物；那些人生梦想模糊的人，大多生活在社会的中下层，虽能自食其力，但没有突出的业绩；而那些完全没有梦想的人，则生活在悲苦之中，只能靠社会救济维持生计。

这项研究非常直观地表明，梦想与人生价值存在着正向相关的联系。这种联系背后蕴涵着复杂的心理学知识，其中最主要的是我们上一节讨论过的心理暗示的知识。当一个人不断地受到自己的梦想的刺激时，潜意识中会产生承认这种梦想的趋势，进而个人行为会向这种趋势靠拢，人也会不断激励自己实现梦想。也就是说，梦想对人有着强烈的心理暗示作用，这种梦想越强烈、越真实，心理暗示的作用也会越大。

梦想之于人类就好像灯塔之于航船，在茫茫大海中的航船，只有按照灯塔指引的方向前行，才能顺利到达目的地；在漫漫人生路上，只有清晰的梦想才能指引我们走向成功。

梦想的力量

有句话说得好："有梦想可能不会成功，但是没有梦想就一定不会成功。”有梦想的支撑，人的生活会变得有意义、有目标，一切苦难都变成了通向成功的垫脚石；没有梦想的支撑，一个人会变得萎靡不振，吃不下苦，受不了罪，遇到一点儿困难就会打退堂鼓，很难成大器。

某著名报刊曾经就当前中国大学生的精神状况进行了调查研究，并撰文报道。当时，该项调查研究的负责人选取了某所著名高校的大学生小张和小吴作为观察对象。小张有着明确的梦想：想成为一名大学教授；而小吴则没有明确的人生目标。结果，入学成绩不相上下的两个大学生在校表现却大不相同，对待生活的态度也有着天壤之别。

小张每天的生活都很有规律，晚上11点左右就早早睡下，早上7点准时起床并到操场晨读；课上积极主动回答问题，课下经常泡图书馆，学习动力丝毫不逊于高中时代；遇到困难时，小张会告诫自己，这只不过是成功路上的一次锻炼，克服困难会让自己愈加成熟；小有成绩时，他会提醒自己，这只不过是阶段性的胜利，要想实现自己的梦想，还要走很长的路，所以不能骄傲。每天睡觉前，小张会感到很开心，因为自己离梦想又近了一步。

相比之下，小吴的生活则混乱很多：晚上熬夜打游戏是家常便饭，白天赖床逃课也经常发生，即使上课也是昏昏欲睡，还经常在课堂上偷偷用手机上网；遇到困难，总是得过且过；而一点点小成绩就会让他忘乎所以。过了一年，小吴的精神状况萎靡了很多，似乎对任何事情都提不起兴趣，自己的生活也完全没有了目的和方向。

大学毕业后，两个人的境遇可想而知。小张获得了美国某著名大学的全额奖学金，在深造的过程中仍有不俗的表现；而小吴毕业后在城市中找不到好工作，只好回到家乡，在父母的帮助下找到一份工作，结婚成家，人生基本定型了。

正如上文所说，两个人入学成绩不相上下，但是在大学中的表现以及毕业后的前途却存在着很大的区别，造成这种不同的原因恰恰是梦想的有无。在梦想的指引下，小张通过内心积极的暗示，激励着自己不断攀登；而梦想缺失的小吴，则像一只没头的苍蝇，到处乱飞，将自己搞得精疲力竭，浑身是伤。所以，有一个明晰的梦想，对一个人的成长历程有着至关重要的作用。

梦想是成功的催化剂

张茵，一个巾帼不让须眉的女强人，敢于放弃国内优厚的待遇，只身前往香港闯荡。20世纪90年代初，她在美国建立了第一家收购废纸的美国中南有限公司，短短十年便成为美国废纸回收的龙头企业，被誉为“垃圾女王”。梦想引领着她一步步走向成功。

张茵原本也是一个普通的女性，1985年，她27岁，有着稳定的工作，过着平凡人眼里值得羡慕的生活。可是，她不甘于平庸，梦想着干一番事业，于是毅然放弃了深圳一个待遇优厚的合资企业的财会工作，带了3万元钱只身去香港闯荡。由于曾受中国一个造纸厂的委托去香港收购废纸，她从此便开始涉足废纸回收行业。在普通人眼中，收废纸的工作和街头那种衣衫褴褛捡废品的拾荒者形象是画等号的，其实不然。张茵也是到了香港考察之后，才开始了解废纸回收的流程。她很快发现，内地的用纸消耗量越来越大，而造纸需要的速生林根本供应不上，造成纸张短缺的情况越来越严重。换个角度来看，这就意味着有巨大的市场潜力。

中国人口多，消耗大，森林资源相对匮乏，特别是造纸用的速生林建设长期以来严重滞后，很多高档纸的原料都依赖进口的废纸和木浆，成本高，代价大，还供不应求。经过调查之后，张茵决定从“收破烂”开始，做中国的废纸回收大王。

当时，香港是废纸回收的集散地，收废纸的大多还是一些文化程度比较低的人。但他们身上的江湖义气却让张茵至今感佩于心。她本人心胸宽广，为人豪爽，很快就结交了不少生意伙伴，包括她的爱人刘名中。他们一起埋头苦干，短短几年之内，生意就做得红火起来。有了资金和经验之后，张茵和丈夫建起了自己的纸行和打包厂，事业逐渐步入正轨。

为了掌握国际上先进的废纸回收利用技术，1990年2月，张茵来到了全世界造纸业最发达的国家之一——美国，开始了新的创业历程。在美国，张茵成立了中南有限公司，先后在美国建立了七家打包厂和运输企业，开始在美国拓展废纸回收业务。那里不仅废纸资源丰富，而且废纸回收系统极为高效、科学。另外，细心的张茵也利用了别人没有发现的机遇——大量运送出口货物的集装箱回到中国时都是空返，张茵只用极低的运费就把美国的废纸运回了中国。

短短6年之后，中南公司在全美各行业集装箱出口用量排行榜上已经位列第四。此后更是节节高升，一直位列排行榜前茅。她的创业之所以如此成功，除了仰赖中国改革开放的春风之外，更重要的是自己的踏实努力和敢于突破、勇于实践的精神。张茵是一个成功的企业家，这还得益于她独到的管理方式。她提倡“个人小家庭，公司大家庭”，对公司职员实行人性化管理，所以赢得了员工的尊敬和爱戴。

时至今日，中南公司已是欧美最大的纸原料供应商，年出货量超过500万吨。据美国森林和纸业协会的报告，美国每年消耗4700万吨纸张，其中将近75%的废纸将被循环利用。美国每年可再生利用废纸中的1/4都是中南公司输出的。能将废纸回收做成如此规模。张茵确实了不起。

虽然张茵的废纸回收事业在美国发展的势头很好，但她始终心系祖国，怀着一颗实业报国的梦想，想要回中国投资发展。在接受美国媒体采访时，她便坦言说自己虽然居住在美国，事业却在中国。所以，在成为全美废纸回收出口大王之后，张茵很快就有了新的想法，那就是做中国的牛卡纸大王。看到中国的投资环境越来越好，张茵决定在国内不断扩大投资规模，实现自己曾经的实业报国梦。1996年，她在东莞投下1.1亿美元，建立了玖龙纸业。两年后，第一条生产线建成投产，每年可生产20万吨高档牛卡纸。后来，她又先后斥巨资在东莞基地安装了两条生产线。至此，玖龙纸业以三条生产线、百万吨产能确立了中国包装纸板龙头企业的地位。之后，张茵乘势而上，加快发展步伐，不断增加东莞基地的生产线，还将目标进一步锁定在江苏太仓，迅速形成95万吨产能，几乎是再造了一个玖龙纸业。随着产能的不断提升，玖龙纸业在中国市场的占有率也一路攀升，很快便超越了晨鸣纸业，成为全国第一、亚洲第二、世界第八的造纸巨头。

随着中国经济的起飞，对于包装纸的需求也越来越旺盛，这就为玖龙纸业的发展提供了强劲的动力。目前，玖龙纸业的资产规模已经达到百亿级，而且生产实现了多元化。张茵夫妇构建的产业链，从前端起每一个环节都在自己的掌控之下，都具备成本优势，都有利可图，产业链末端输出的则是供不应求的高档产品……这位登上胡润富豪榜的首位中国女首富终于实现了她的抱负和梦想。

做个务实的梦想家

梦想很重要，但是，如果仅仅有梦想而不付诸行动的话，再好的梦想也会变成空想。因此，一个人有了长远的人生梦想之后，还要制订清晰的计划，并努力实践，只有这样，梦想才会变为现实。

2010年，在上海东方卫视的选秀节目《中国达人秀》的舞台上，一对河南夫妇的真挚情感和对梦想永不放弃的精神，感动了电视机前的一大批观众。

一位名叫周彦峰的男子穿着卡通猪的服装走上台，扮演了一头猪，要表演杀猪的口技。他在台上又蹬腿又嚎叫，引得观众们哄堂大笑。这种毫无意义的表演，让三位评委淘汰了他。

随后，周彦峰在台上讲述了自己的参赛心路：他和妻子在上海以卖鸭脖为生，凌晨三点才能收摊，睡不了几个小时觉又要起床准备新货。妻子非常喜欢唱歌，却没钱去歌厅，只好在立交桥洞里对着水泥墙壁唱。他看到后很心酸。由于生活困苦，他希望能够参加比赛获得一点儿奖金，给妻子开一个卡拉OK歌厅，让妻子想唱就唱个够。

评委和观众都被他的故事感动了。最后，周彦峰请求让自己的妻子站到舞台上唱两句歌，也得到了评委的破例允许。

妻子擦去泪水，站在舞台上唱了一首田震的《干杯，朋友》，声音酷似田震，却又有一种特别的韵味。一曲终了，全场观众热烈鼓掌，三位评委也激动万分。

周彦峰和妻子都是有梦想的小人物。他们最让人感动的，是不因生活的贫困而放弃追求自己的梦想。他们平凡的人生，也因为有了爱和梦想，焕发出动人的力量。

但是，仅有梦想是不够的。空想家们缺乏的，是一步一步前进的执着与坚定。如果每个人都能有计划地按部就班地实践，再遥不可及的梦想都能变成现实。

美国人乔吉拉德·高达15岁时，给自己列出了127个目标，既有逐页阅读《圣经》、结婚并生小孩、学会打马球这样看上去比较简单的目标，也有探索尼罗河、攀登珠穆朗玛峰、拜访南北极这样看似困难重重的梦想。别人都以为他在故意吹牛，他却努力实现了一个又一个目标。在他年老时，他已经完成了108个目标，周游了世界，去了很多人迹罕至的地方探险。他被美国国家地理学会授予荣誉会员称号，得到了大家的肯定和赞赏。

有人说：思想有多远，我们就能走多远。如果我们从另一个角度解读，决定你能走多远的不是想法，而是脚下的步伐。

信念激发潜能

一桩奇迹或者一项非凡的事业要想获得成功，一个人对这一奇迹本身的信念往往是占第一位的。信念是人对于现在或将来的某件事有把握的一种心理感觉，它是个性的内在心理倾向。念头只有在深信不疑的情况下才能转化为信念。信念支配人的行为倾向和方向，具有指挥和导向作用；信念可以激发潜能，也可能毁灭潜能；信念对于人的成败至关重要，坚定的信念是成功的动力。

坚持信念，不甘平庸

信念的力量是伟大的，它推动着人们创造了一个又一个奇迹。

英国作家J.K.罗琳曾有过一段短暂的婚姻。离婚后，她带着三个月大的女儿回到爱丁堡，过着穷困潦倒的生活。那时，丈夫离开了她，她没有工作，居无定所，身无分文，身边

的女儿嗷嗷待哺。她只好依靠政府的救济金维持生活。

然而，罗琳没有自暴自弃，她对生活充满了期待和梦想。几年前，罗琳在一列从曼彻斯特开往伦敦的火车上突然想到了哈利·波特这个头发乱蓬蓬的、戴着圆形眼镜、额头上有一道闪电型伤疤的小男孩的形象，她下决心一定要把这个小男孩的故事写出来。于是，罗琳开始了不间断的写作。

冬天，罗琳的小屋里连暖气都没有。为了取暖，她只好推着婴儿车来到家附近的咖啡馆写作。由于手头拮据，她一整天只能点一杯最便宜的咖啡。

最困难的时候，罗琳想过自杀。但为了自己的女儿和梦想，她勇敢地活了下来，并写出了“哈利·波特”的第一部《哈利·波特与魔法石》。此书一出版便备受瞩目，好评如潮，获得了英国国家图书奖儿童小说奖，以及斯马蒂图书金奖章奖。随后罗琳又创作了《哈利·波特与密室》和《哈利·波特与阿兹卡班的囚徒》。2000年7月，随着第四部《哈利·波特与火焰杯》的问世，世界范围的“哈利·波特”热持续升温，创造了出版史上的神话。2003年6月推出了第五部《哈利·波特与凤凰社》，2005年7月推出了第六部《哈利·波特与“混血王子”》，销售势头一次高过一次，形成了一次比一次猛烈的“哈利·波特”飓风，被视为出版界的一个奇迹，而“哈利·波特现象”也成为众多专家学者热烈讨论的话题。几年内，她的作品被翻译成35种语言，在115个国家和地区发行，引起了全世界的轰动。

如今，罗琳已经成为英国最富有的女人。同时，她也等来了自己的真爱。在这段落魄的生活中，唯一能够支持她继续往前走的，就是自己坚定的信念。

很多人的信念并不够坚定。一群登山者站在山脚，仰望顶峰，总是觉得那么高不可攀。通往顶峰的路非常艰险，会有滚石，会遇到雪崩，会有野兽出没，会有悬崖峭壁……最终，只会有一小部分登山者笑到最后，因为他们信念坚定。而那些不坚持信念甚至没有信念的人，只能半途而废，甚至只满足于仰望，而不相信自己能亲眼看到山顶的风景。

心理学家认为，信念指的是人们对愿望坚定不移的思想情感。信念是一种心理动能，推动人们积极主动地满足需要，实现目标。

清初史学家谈迁自幼好学。他在读史的过程中，感到明代史书有很多纰漏，便立志写一部翔实可信的明史。为了这个目标，他在26年内遍访明朝的遗臣，搜罗了大量的图书资料，做了大量的摘抄，前后耗时5年，终于写成了一部400多万字的史书《国榷》。谈迁特别高兴，觉得自己的一生没有虚度。

出人意料的是，就在这部史书付印前夕，书稿竟然被小偷偷走。这对于谈迁来说，仿佛一个晴天霹雳。一夜之间，他苍老了许多，精神也提不起来了。这年，他已经50多岁了，人们都以为他被这个打击毁掉了。谈迁却迅速地从悲痛中走了出来。正当人们还在对他充满同情、议论纷纷时，他已经重新铺开笔墨，投入到新的写作中。又花了4年时间，他完成了《国榷》的第二稿。接着，60岁的谈迁背着书稿前往北京，考察历史遗迹，寻访明朝旧臣，对第二稿进行补充和修订，使其得到了更高的声誉。

玄奘取经的故事

《西游记》主人公唐三藏经历了九九八十一难方才取回真经的故事，吸引了一代又一代读者。唐三藏的原型——唐代高僧玄奘虽然未在取经路上遇到妖魔鬼怪，却也克服了重重艰难险阻，才达到了自己的目标。

唐代初期，佛教在中国已经传播开来，高僧玄奘在修读佛经的过程中，发现经文太少，很多地方艰涩难懂。这时，长安（今陕西西安）来了一个天竺（今印度半岛）的僧人，在和他交流的过程中，玄奘得知天竺的那烂陀寺储存了大批佛经，寺中修行的僧人道行高深。为了让自己更有进益，他决心去天竺求佛法。

贞观年间，玄奘出发了。他一路向西，出了边境到达瓜洲。为了防止被地方官抓住，他和两个徒弟晓宿夜行。来到玉门关，守关将士把守严密，玄奘和徒弟只好伏在沙漠中，趁天黑偷偷过关。由于境况实在过于危险，徒弟们先后弃他而去，玄奘只好孤身一人前进。

沙漠中没有草木，不见行人，只有望不到边际的漫漫黄沙。走到玉门关外的第一个哨口，玄奘在偷渡时险些被守卫射中。校尉了解情况后，十分同情他，劝他回去，到敦煌修行。玄奘不肯放弃心中的信念，表示一定要到达天竺。校尉只好在他的皮袋里灌满水，送他上路。

玄奘一连通过了4个哨口，再往西就是连绵800里荒无人烟的流沙沙漠。玄奘毅然决然地牵着马闯了进去。走了100多里路，他就迷失了方向，找不到前进的路。到了晚上，沙漠里露出的骨骸发出蓝荧荧的磷火，阴森恐怖。最可怕的是，他喝水时不小心将盛水的皮袋掉到地上，水瞬间流光了。再往前走，如果找不到水源的话，只有死路一条。玄奘咬咬牙，继续西行。几天后，玄奘因为脱水严重而昏迷。危难之时，他的马嗅到了水草的气息，把他背到了有水源的地方。天无绝人之路，玄奘补充了清水，休息了一天，再次出发。两天后，他走出沙漠，到达了高昌。

高昌王许以重金，请玄奘留在高昌，却被坚决拒绝了。感动之余，高昌王派出随从护送玄奘西行。路虽然不像沙漠中那么难走，却依然时时潜伏着危险。他们曾遇到强盗，衣服财产都被抢走。玄奘还曾被绑上祭坛，成为祭品，他却丝毫不慌乱，一直默念佛经。适逢狂风吹断树枝，人们以为上天责怪他们作孽，连忙放了玄奘，玄奘才躲过一劫。历经千辛万苦，玄奘终于到达天竺，搜集了各种佛学经典著作，并和高僧们反复讨论，在佛法修习上突飞猛进。17年后，他带着300多部佛经回到长安，又着手开始翻译佛经的工作。他为了信念历尽艰辛不惜失去生命的精神，一直为后世所传颂。

生命的信念

信念是生命之灯，只要这盏灯依然明亮，所有的困难都能克服，所有的绝境都不能阻挡我们前进的脚步。美国著名黑人运动领袖马丁·路德·金说：“这个世界上，没有人能够使你倒下，如果你自己的信念还站立着的话。”

西汉时，苏武出使匈奴，被放逐到北海（今俄罗斯贝加尔湖）牧羊19年，受尽凌辱，最终凭借心中坚定的信念活了下来，并回到了祖国。

汉武帝时，汉朝多次对匈奴作战。匈奴新换了单于（即部落首领），希望与汉交好，便送还了以前扣留的汉朝使者。汉武帝很赞许这种做法，便派苏武出使匈奴，顺便送给单于丰厚的礼物。苏武和副手张胜带着100多名随从到了匈奴，送回以前汉朝扣留的使者，并送上礼物。事情进展得本来很顺利，却出了一件麻烦事儿。

匈奴有个官员名叫卫律，手下有一个汉族人虞常，虞常和张胜以前有过来往。虞常对卫律很不满，便想请张胜帮他杀掉卫律，劫持单于的母亲，然后逃回中原。此事败露后，单于大怒，命令卫律审问虞常，虞常又供出了张胜是同谋。

单于对汉朝使者本来就不是很信任，现在又怀疑他们名为交好，实则来搞乱匈奴，对他们更是恶意十足。单于派卫律来劝降苏武，苏武知道后，抽出佩刀来要自杀，被手下人拦住。单于见苏武是条好汉，不忍杀他，继续想办法劝他投降。

卫律审问虞常时，遵照单于的命令，让苏武旁听。卫律先给虞常定了死罪，一剑斩杀了虞常；又举剑威胁张胜，张胜请求投降。卫律趁机用死亡威胁苏武，但苏武神色如常，视死如归。卫律又用金钱和地位诱惑苏武，苏武怒斥卫律忘恩负义，再次拒绝。单于把他关进地窖，不给食物和饮水。苏武撕下毡毛，和雪一起送进肚里充饥。单于见没有饿死他，便将他放逐到北海边牧羊，说：“等公羊生了小羊后才放你回去。”

北海边荒无人烟。匈奴没有给他粮食，苏武只好挖鼠洞里储藏的食物来充饥。每天放羊、睡觉时，他都要带着出使时朝廷赐给他的符节。时间长了，符节上的穗子都掉光了。

汉昭帝即位后，派使者去匈奴，要求放回苏武。匈奴谎称苏武已经死亡，使者信以为真。苏武的随从常惠买通匈奴人，私下求见汉朝使者，将苏武在北海边牧羊的实际情况告诉了使者。

使者再见到单于时，按照常惠教的话说道：“皇上打猎时射到一只大雁，大雁脚上系着帛书，上面说苏武还在北海。”单于以为苏武的信念感动了大雁，只好承认苏武的确还活着，并允诺将他放回去。

时隔19年，苏武的头发、胡须全变白了。他带着出使时的符节重新回到长安，长安人民夹道欢迎，均为苏武的气节深深折服。凭着对生命强烈的信念，苏武度过了19年艰辛的岁月，终于回到了汉朝。

勇气征服一切

不论你是谁，如果你面对自己，面对生活，能够不惧、不恐、不惊，你就是一个有勇气的人。不论你是谁，如果你对待工作，对待生活，能有“应知天地宽，何处无风云？应知山水远，到处有不平”的平和心态，你就有勇气面对一切困难。

狭路相逢勇者胜

公元前270年，秦国派大军讨伐韩国，将韩国战略要地阏与包围得水泄不通。韩国无力与秦国抗衡，只好向赵国请求援助。赵惠文王认为如果任凭秦国在自己的西边蚕食韩国，将会严重影响到赵国的利益和安全，于是他决定派兵出征，援助韩国。可当赵惠文王向赵国两大名将廉颇和乐毅询问出兵意见时，两位老将都以“道远险狭，难救”回答赵惠文王。

看到名将廉颇和乐毅都表现出畏难情绪，赵惠文王非常失望，就找到一向以坚毅著称的将领赵奢商谈。赵奢听完赵惠文王出兵救韩的想法后，坦然回答说："其道远险狭，譬之犹两鼠斗于穴中，将勇者胜。"言下之意是阏与地形险要，在那里作战就像是两只老鼠在地洞里遭遇，哪一方的统帅更勇敢，哪一方就能获得胜利。赵惠文王非常高兴，马上任命赵奢为将军，领兵出征，救援韩国。

赵奢率领大军出征，离开邯郸30里的时候，他下令"有以军事谏者死"，让那些动摇军心的人统统闭嘴。然后赵奢命令原地扎营，组织全军士兵挖战壕、筑工事，摆出怯懦畏战的架势，丝毫没有要开赴前线的意思。秦军将领派遣间谍前往侦察，赵奢好吃好喝加以款待，表现出毫无解救阏与之意，驻军于此只是防御秦军进攻。秦军主将得知后大喜，认为阏与必破，警惕心大为减弱。赵奢驻军28天之后，突然下令全军轻装简行，只用了两天一夜便赶到阏与附近。之后，赵奢采纳了部下许历的建议，以万余名精锐士兵抢占了北山制高点。不久，秦军仓促前来进攻，赵军利用有利地势，居高临下，俯击秦军，将秦军杀得大败，四散溃逃，阏与之围随之解除。阏与之战后，秦国多年不敢对赵国轻举妄动，赵国的国家安全得到了一定时期的保证。赵奢因为勇敢善战、卫国有功被封为马服君，一跃成为与廉颇、蔺相如齐名的赵国重臣。

愈挫愈勇的林肯

中国古代著名的教育家孟子曾说："天将降大任于斯人也，必先苦其心志，劳其筋骨，饿其体肤，空乏其身，行拂乱其所为，所以动心忍性，增益其所不能。”意思是说：上天要给人赋予重大的使命时，一定会先让他吃苦，身体受累，让他挨饿，没有钱花，还要打乱他的行为。这样，此人才能磨炼意志，有所成就。古今中外，凡是有所成就的人，都具备不向困难低头、愈挫愈勇的品质。亚伯拉罕·林肯就是其中的一位。林肯是美国第16任总统。他的一生可谓坎坷不平。但他始终勇敢地面对一次又一次的挑战，愈挫愈勇，以实际行动证明了他的人生格言：要想成功就不怕失败。

用林肯自己的话来说，他的童年就是“一部贫穷的简明编年史”。他的父母都是英国移民的后裔，以种田和打猎为生。小时候，林肯就要帮着家里干活儿。由于家境贫寒，林肯很早就辍学了。他先后当过摆渡工、种植园的工人和木工，却一直没有固定的职业。

22岁那年，林肯经商失败，损失惨重，连翻身的能力都没有。于是，他应征入伍。退伍后，林肯竞选州议员，但以失败告终。他再次投身商业，再度折戟。不过，这些失败都没有让林肯对生活失去信心。他利用闲暇时间大量阅读历史和文学书籍，并通读了莎士比亚的全部著作。通过读书，他让自己成为一个博学而充满智慧的人。由于始终热衷于公共事业，25岁时，他终于如愿以偿地当选州议员。

事业刚刚有起色时，林肯的情人去世，给他极大的打击。他不得不因为精神问题在家休养。29岁时，林肯参加州议长竞选失败；34岁时，他参加国会议员竞选，再度失败。一次又一次的失败经历，并没有让林肯消沉下去。三年后，他再度竞选国会议员，终于如愿以偿。然而，期满时他的连任竞选再次遭遇失败。

1860年，林肯成为共和党的总统候选人。11月，他当选为美利坚合众国的总统。回顾他的政治生涯，正是这种愈挫愈勇的精神，最终将他推向了白宫。

马克思认为，林肯是一个不会被困难吓倒，不会被失败所挫败，不会被成功迷惑的人。他不屈不挠地迈向自己的伟大目标，从不轻举妄动；他稳步向前，从不倒退。

废墟下的生命

2004年12月，印尼发生8.9级地震，海啸袭击南亚、东南亚多个国家。在斯里兰卡东部城市提鲁克沃维尔，兰吉万·夏维尔牧师正在教堂为教徒做弥撒。大海突如其来地咆哮起来，掀起十几米高的巨浪，涌上沙滩。兰吉万牧师立即让教徒们撤向地势较高的地方，自己却跑向海滩。

很快，兰吉万牧师就发现了一个受害者——一位女士的长发被铁丝网缠住，完全动弹不得。他救起那位女士，将她放到高地上，转身又冲向海边。大部分地区都被海水淹没了，尸体随处可见。这一天，兰吉万牧师共救出了70多条生命，收捡200多具尸体。

在兰吉万牧师生活的小镇上，人口只有6万，却有将近6000人遇难。他在海滩旁的两个集体墓穴里共埋葬了750人。

灾难过去后，牧师又积极投身于灾后重建。他与救援组织合作，分发自己撰写的有关海啸知识的小册子，夜里还参加巡逻，维持社会治安。此外，他还协助开办了一个教师培训机构、一所寄宿学校、一个托儿所和一个营养中心。

在汶川地震中，一对夫妻同时被埋在了家中。丈夫受到了致命的伤害，不久便去世了。而妻子想到了外面的孩子，为了不让孩子成为孤儿，她告诫自己一定要勇敢地活下来。废墟中的第一个晚上，她口渴，没有水，就接自己的小便喝。幸运的是，她的头上还留着一个小洞，没有被完全封死。只要外面一有动静，她就大声求救，希望引起救援人员的注意。喊不出来的时候，她就继续砸腿、喝血，有了点力气，就继续呼救。

第二天晚上，救援人员终于听到了她的喊声，塞给她两瓶水。但因为压在她上面的水泥板太大，需要等待专业的消防队员来救援，她暂时还没办法获救。不过她已经看到了得救的希望，于是一口气喝完了水，等待救援。事后，记者在采访她时，询问她的勇气来自何处。她说："为了孩子，一定要活下去！"这位平时胆小的母亲，想到自己的孩子，竟然获得了如此巨大的勇气，不能不让人肃然起敬。

有一种幸福叫珍惜

总有人抱怨自己的生活不够完美，不够幸福。其实，不管一个人多苦多难，在他的身边总会有幸福和快乐，但要靠每个人自己去发现、去珍惜，才能感受到幸福。

流水只为钟子期

许多东西在我们的生活中经常出现，让我们习以为常。等到它突然失去，我们才追悔莫及。如果重来一次，你会不会珍惜？你是否懂得珍惜？

所谓珍惜，就是要珍视已经握在自己手中的东西，就要及时从自己拥有的事物中提取幸福。东隅已逝，桑榆非晚。如果错过太阳时，你一味流泪，那么你也将错过星星了。

有时候，一个事物只属于两个人。如果一个人离开，另一个人也将不再从同一事物中获得乐趣。这样的感情只有他们才能理解，换了任何一个人都是亵渎。

春秋时期，楚国人俞伯牙酷爱音乐。他曾在老师的带领下去东海的蓬莱山，举目张望浩瀚的大海，回首凝视茂密的山林，在壮美神奇的大自然中，他悟出了音乐的真谛。他的琴声如天籁之音，浑然天成，曾得到许多人的赞美。但俞伯牙觉得，别人的赞美都没有说到点上，没有人曾真正听懂他的琴声。有一年，俞伯牙乘船停泊在一座小山下。晚上，俞伯牙坐在船舱中，望着天上一轮时隐时现的明月，琴兴大发，手指一挥，一首动人的乐曲就响起来。他沉醉在周围的景色与自己的琴声中，弹了一首又一首。

忽然，他发现岸上有个人影影绰绰地站在那里，一动也不动，吃了一惊，手下便错了弦。只听“啪”的一声，琴弦断了一根。岸上那个人似乎猜出了俞伯牙的心思，大声说：“先生，我是个打柴的，走到这里听见您在弹琴，特别好听，就听了一会儿。我没有恶意。”

俞伯牙打量了他一下，发现他身边放着一担柴。他心想，一个樵夫，怎能听懂我的曲子，怕是在附庸风雅吧。他随口问道：“你可知我弹得是什么曲子？”

樵夫答道：“您弹的是孔子称赞弟子颜回的曲子。可惜，弹到第四句时，琴弦就断了。”

俞伯牙喜出望外，连忙将樵夫请上船来，为他弹奏了几首曲子。当他弹到“高山”时，樵夫赞叹道：“多么巍峨的高山啊！”当他弹到“流水”时，樵夫又感慨道：“多么奔放的江河啊！”俞伯牙高兴得不得了。没想到，自己的琴声一向无人能懂，却在这荒郊野岭遇到了知音。他和樵夫彻夜长谈，知道这位樵夫名叫钟子期，两个人越谈越投机，大有相见恨晚之感，于是约定来年再相见。

第二年，俞伯牙准时来到约定地点，钟子期却没有出现。他弹起自己心爱的瑶琴，钟子期仍然没有出现。第二天，心事重重的俞伯牙找到钟子期家，才知道这位故人已经不幸去世。俞伯牙瞬间万分悲痛。他找到钟子期的坟墓，弹奏了一首曲子，寄托了自己的无限怅惋以及绝望的心情。一曲奏完，他将瑶琴在墓前摔碎，痛苦地说道："我的知音已去，这琴还弹给谁听呢？"

时间就是金钱

世间我们需要珍惜的事物实在太多，最不能错过的便是时间。不饱食以终日，不弃功于寸阴。每一分每一秒，都需要我们格外珍视。放弃时间的人，也会被时间抛弃。

富兰克林年轻时，曾自己开办印刷厂，自己卖书。一天，一位小个子男人在他的商店门前徘徊了半个多小时，终于开口问价："这本书多少钱？"店员答道："1美元。""能便宜一些吗？"店员回答："这本书的定价就是1美元，没办法再便宜了。"

这个人又看了一会儿，问："我能见见你们的老板吗？"店员就把富兰克林叫了过来。富兰克林本来正在印刷室工作，被打断后非常不高兴。

顾客问："富兰克林先生，这本书你最低要价多少？"

富兰克林随口说道："1美元25美分。"

"什么？"顾客惊叫道，"刚才你的店员还说只要1美元。"

"没错。但是，我情愿倒找给你1美元，也不愿离开我的工作。"富兰克林盯着他说。

顾客打算让步了："好吧。那你最少要多少钱？"

"1美元50美分。这是我现在给出的最好价钱。"

顾客默默地掏出1美元50美分，拿起书走了。富兰克林用自己的实际行动给他上了最好的一课：时间就是金钱。

在现代社会，总把时间看作金钱，未免显得太功利。然而如果把时间看作自己的财产，性质就大不同了。歌德在自己的诗中写道："时间是我的财产，我的田地是时间。"

有一天，歌德看到儿子捧着一个笔记本在念，便凑过去看。只见儿子摘抄了这样一段话："人生有两分半钟的时间，一分钟微笑，一分钟叹息，半分钟恋爱，因为在爱的这半分钟他死去了。"歌德眉头一皱。他从这首诗里读出了颓唐、迷惘和玩世不恭。他将儿子的笔记本拿回书房，稍一思索，大笔一挥，写道："一分钟有六十秒，一天超过一千分钟。儿子，记住这个道理，人生能有多少贡献。"

这两首诗反映了两种对时间截然不同的态度。把一生当作两分半钟的人，实际上是在游戏人生，只能碌碌无为，浪费时间，到老后只能悔恨终生。而如果用每一分钟来规划自己的人生，不虚度一分一秒，将会拥有充裕的时间，也就拥有了一笔丰厚的财富。

鲁迅则将时间看作生命。他说：“美国人说，时间就是金钱。但我想：时间就是性命。倘若无端地空耗别人的时间，其实是无异于谋财害命的。”为此，他很讨厌那些每天串门聊天的朋友。如果工作时，有人来找他聊天，他就会毫不客气地把人家晾在一边。鲁迅将时间比作海绵里的水，认为只要肯挤，总是有的。他读书的兴趣十分广泛，涉猎的学科领域非常多，时间对他来说尤为重要。尽管他一直身体不好，也没有理想的工作条件和生活环境，但每天都要工作到第二天凌晨。他就像一只辛勤工作的蜜蜂，每天都没有空暇，才写出了那么多传世的文章。

珍惜身边的幸福

朱自清著名的散文《背影》，讲述了一位父亲送儿子远行时，爬铁路买橘子的故事。线条虽然简单，我们从中却读出了父亲对儿子深深的爱。若干年后，父亲那戴着黑布小帽、穿着黑布大马褂、深青布棉袍、蹒跚地走在铁路上、努力翻越月台的背影，依旧留在作家心中，让他永难忘怀。我们在生活中都有很多值得珍惜的东西，却又总是误入欲望的歧途。当我们抱怨缺少幸福的时候，可曾想过，身边的爱可能尚未珍惜，身边的幸福可能尚未发觉。与其抱怨世道不公，抱怨事与愿违，不如擦亮眼睛，发现身边的爱与幸福。

一个农夫临死前问一位哲人："我这一生忙忙碌碌，身心俱疲，每日奔波，还是一无所获，一贫如洗。这一生是不是虚度了？"哲人微笑着说："我用万贯家财换你的妻子儿女，你愿意吗？"农夫很坚定地拒绝了："当然不愿意！"哲人说："那你又何必苦恼？你已经拥有的亲人是最宝贵的财富，如何算是虚度此生？"农夫释然了，于是懂得了珍惜的道理。拥有的越多未必是幸福。只要心中有爱，即便贫贱夫妻同喝一碗粥，也会觉得粥是甜的；同吃一张饼，也会觉得饼是香的。

有一个富人每天晚上失眠。他担心生意不好做，赚不到钱；担心赚到的钱没藏好，被小偷偷走；担心自己还没赚到足够的钱就生病……他的邻居是一个穷鞋匠，每天都大声唱着歌干活儿，晚上睡得很香甜。鞋匠唱歌时，富人就用枕头堵住耳朵，但不起作用，鞋匠快乐的歌声还是能飘进来。富人很恼火，想出了一个办法。第二天早上，富人搬着一个箱子，去了鞋匠家。"亲爱的邻居，"富人对鞋匠说，"我得了重病，快要死了。神父说为了赎罪，我必须把自己的财产分给穷苦的人们。这里有两百枚金币，是我送给你的。希望你不要推辞，帮我赎罪吧。"

鞋匠收到这笔意外之财，不知道怎么办才好。他把箱子放到床下，马上又拖出来，怕孩子们当废品卖掉。他花了半天时间在后院挖了一个深坑，把箱子埋进去，然后又挖出来，怕被小偷偷走。他把箱子藏到柜子里，又拿出来，觉得柜子也不安全。他不知道该藏在哪里，每个能想到的地方都不保险。他不敢把这个消息告诉孩子们，怕孩子们出去吹牛，盗贼会来抢劫；更不敢告诉妻子，怕妻子会卷走这笔钱抛弃他。鞋匠整夜辗转难眠，第二天起床后带着布满红血丝的眼睛心不在焉地干活儿，脑子里只有一个想法，就是到底该把钱藏在哪里。富人再也听不到鞋匠的歌声，晚上倒是能睡安稳了。在经历了一番激烈的思想斗争后，鞋匠终于意识到自己的幸福丢失了。于是他下定决心，要把钱还给富人，并说："我宁愿过原来贫穷的生活，也不愿有钱后痛苦地活着。您可以把钱捐给教堂，但请不要再给我了。"当天晚上，鞋匠觉得胸口上的石头突然被搬掉了，小屋里又传出了他快乐的歌声。

不要等到大病一场，再珍惜健康；不要等到双亲故去，再珍惜亲情；不要等到白发苍苍，再珍惜青春；不要等到皱纹满面，再珍惜美丽。从身边的事物开始珍惜，你才会真正感到幸福。

快乐其实很简单

快乐真的很简单，只要你静静地感受，快乐就在你身边！当心灵宁静的时候，一句话、一声问候、一抹微笑、一汪眼神、一段文字，甚至一滴水，都会让你感觉到快乐。原来快乐很简单，只要你懂得付出，只要你不计较得失，只要你有一颗真诚坦荡的心，快乐真的就在你身边。

幸福并不复杂

朱自清在散文《冬天》里，详细地描述了三个幸福的冬天的场景。

场景一：朱自清小时候，父亲常在冬天的夜晚点起火炉，架上一口小铝锅，里面煮着白豆腐。豆腐在锅里随着沸腾的水上下运动，鲜嫩而光滑。屋子里很昏暗，朱自清兄弟三人和父亲围炉而坐。炉子有点儿高，父亲常常站起来，眯着眼睛，夹出豆腐，放在孩子们的酱油碟里。这是晚饭后的项目。父亲说冬天晚上很冷，吃了暖和些。一家人围着桌子吃水煮豆腐，是温馨而又幸福的画面。

场景二：又是晚上，朱自清和两位朋友在西湖里坐小划子。湖里划子很少，风轻轻地吹着，月光照着一圈一圈的水波。湖上的山影影绰绰，看不清楚。山下偶尔亮起一两点灯火。周围寂静，几乎没有任何声音。他和朋友们不怎么交谈，只听到船桨划水的声音。一片静谧中，朱自清几乎要睡过去。三位朋友同游西湖，是无言的幸福。

场景三：朱自清一家四口住在台州，房子在山脚下。人很少，白天路上没什么行人，晚上更是一片漆黑。书房临着大路，可以清楚地听到路上行人的交谈。除了去学校，朱自清一般都在家里，妻子带着孩子也守在家里。这让朱自清感到外边虽然老是冬天，家里却老是春天。有一次，朱自清上街去，回来时看见妻子和孩子在厨房的窗户边微笑地看着他。他瞬间觉得天地间只有一家四口人，一切都不复存在。回忆完三个很普通又很幸福的场景后，朱自清写道："无论怎么冷，大风大雪，想到这些，我心上总是温暖的。"

很多人对于幸福有着不同的定义和要求。有人认为，有钱才能幸福；有人认为，有权力才能幸福；有人认为，买一座大的房子才是幸福……朱自清用细腻的笔触证明：知足常乐就是最大的幸福。幸福其实并不复杂，只要用心寻觅，幸福就在你身边。

美国一家研究结构得出结论，幸福与年龄、性别和家庭背景无关，而是来自于一种健康的生活态度。研究者总结出七条让自己更幸福的秘诀。

第一，不抱怨。幸福的人拥有的东西并不多，他们之所以幸福感比别人强，是因为能够正确对待困难和挫折。

第二，不贪图享受。安逸的生活固然轻松，却不能带给人更强烈的幸福感。果断放弃这种生活，幸福也会随之而来。

第三，树立生活的理想。不断为自己树立一些目标，工作会更有目的性。而目标实现之后带来的幸福感也是无与伦比的。

第四，常怀感恩之心。感谢别人为你付出的一点一滴，感谢生命中出现的一切美好的东西，这样，会把自己的注意力引开，不至于让自己过度纠结于对生活的不满。

第五，不断给自己动力。这样，你便会一如既往地向着自己的目标努力，不会半途而废。同时，不断鼓励自己，能够让自己保持前进的姿态。

第六，交几个知心的朋友。你可以拥有很多个朋友，但一定要有几个可以交心的朋友。这样，在烦恼的时候，可以找人诉说；在快乐的时候，也有人一起分享。

第七，勇于承担责任。如果你经常逃避责任，你将难以享受任务完成后的成就感和喜悦感。当然，在接受任务时要量力而为，否则会得不偿失。

让烛光充满房间

有人做过一项针对快乐感受的调查，结果很出人意料：认为自己快乐的人只占调查人数的2%，而只有10%的人还记得不久前的一次快乐的经验。理论上讲，现在社会越来越进步，消费品的种类越来越多，文化精神生活越来越丰富，我们应该感到更加快乐才对。为什么我们的快乐越来越少呢？一位哲人请来一位数学家、一位物理学家和一个中学生，给他们出了一道难题："请用最便宜又最让自己快乐的方法，把一个密闭的黑暗的房间装满。"

数学家马上要来房间的结构图，开始量墙的高度和长度，在草稿纸上写了一堆公式，不知在计算什么。物理学家则根据房间的朝向和阳光的照射情况，开始分析在哪堵墙上开窗合适，应该开几扇窗，忙得一头大汗。中学生胸有成竹地说："我想到了一个办法，您带我去那个房间好吗？"

物理学家和数学家很不服气，觉得自己还没做出来的题目，一个年纪轻轻的中学生怎么可能做出来。哲人却微笑着走在前面带路，把三人带到了一个黑暗的密闭的房间。中学生从兜里掏出一根蜡烛，划着了一根火柴，点亮了一根蜡烛。房间顿时亮堂起来，人们压抑的心情也似乎轻松了许多。中学生赢了，他用烛光填满了整个房间。物理学家和数学家面面相觑，这么简单的方法他们不是没想出来，只是没办法操作——他们要采用符合身份的办法才行，否则对不起自己的名头。哲人感慨道：“快乐其实很简单，只是你们人为地把它变复杂了。”

现实生活中，我们常常给快乐赋予太多的解释，让它背负了太多的负担，自然就难以享受最本质的快乐了。让心回归到最简单的状态，快乐的感觉就自然而然地到来了。

再讲一个亚历山大大帝的故事。相传，2000多年前，弗吉尼亚的君主做了一个极为复杂的绳结，宣称谁能解开这个绳结，谁就是亚细亚的王。从此之后，每年都有很多人来看这个绳结并试图解开。但他们的努力都白费了，没有人能够成功解开这个复杂的绳结，甚至都找不到绳头在哪里。几百年后，亚历山大大帝率兵横扫亚细亚。当他到达弗吉尼亚城时，听到了这个古老的传说。他非常感兴趣，立刻来到了放置绳结的神殿里。他仔细打量着这个绳结，诚如人们所言，连个绳头都找不到。正当人们以为亚历山大要放弃时，他突然拔出腰间的佩剑，对准绳结，一剑将绳结劈成了两半，然后哈哈大笑。人们目瞪口呆。几百年来，没有一个人想过这样简单的方法也可以解决这么复杂的问题。顺理成章的，亚历山大成为了亚细亚的王，将自己的帝国扩展到了亚、欧、非三大洲。何必给自己太多的束缚？快乐其实真的很简单。

甩掉生活的包袱

面对越来越快的生活节奏，越来越重的生活压力，更多的人进入了亚健康状态。这些人大部分处于18岁～45岁，正是为生活打拼的年龄，身体却早早敲响了警钟。与此同时，环境越来越差，糟糕的空气和饮用水成为困扰我们的难题，更多的食品安全问题也进入我们的视野，我们生存居住的环境面临着前所未有的挑战。我们应该怎么办？是守在大城市安心地做“房奴”“车奴”“卡奴”，还是有其他更好的选择？有两位北大教师采取的方式让我们没办法效仿，却可以暗自羡慕。

2011年3月，著名记者唐师曾在自己的博客上发表文章，说自己上学时的师兄王青松偕妻子隐居深山，回归自然，种田读书，自给自足，引发了众多媒体的关注。

王青松和妻子张梅都曾是北京大学的教师，拥有让人羡慕的职业和社会地位。20年前的某一天傍晚，王青松和妻子在未名湖畔散步，忽然看见一家钢铁企业冲天的黑烟遮住了半边天，游湖的兴致瞬间散去。两个人一前一后地往家走，妻子突然停住，问：“十年二十年后，会不会好一点儿？”王青松表示情况不乐观，认为汽车的尾气排放量将增长十倍二十倍。生活在这样一个环境中，连生存安全都快要无法保障，遑论其他？两个人开始在郊区租房子和土地，过上了耕种田地、饲养家畜的生活。渐渐地，农村的摊子越做越大，城市生活又实在没什么可留恋之处。妻子索性辞去教职，专心务农。王青松也紧随其后，带着妻子住进山里，成为彻头彻尾的农民。

他们在山里开垦田地，养牛养羊。耕地禁止农药和化肥，也不许车辆进入，所有的生活物资都由人工挑进山。粮食收获后，妻子赶着骡子磨出豆子和大米。平日里洗手洗衣服，从不用洗衣粉和肥皂，而是用草木灰和皂荚替代。每次外出，王青松都要自己带饭、水和被褥。在大自然中生活了这么多年，外界的环境让他觉得有点儿无法适应。王青松7岁的儿子负责放羊，每天照管着100多只黑山羊。爬山、跑步、摔跤，这个从未出过山的小男孩样样精通。

从3岁开始，儿子便每天带着羊群上山，如今，再险峻的山，他也能毫不犹豫地踩着碎石爬上去。有一次，儿子放羊到夜里也没回家，王青松翻遍山头寻找，终于在深夜发现儿子和羊群在一起。他问儿子：“怕不怕？”儿子答道：“不怕，我是山的儿子。”尽管儿子从来没上过任何课外兴趣班，却拥有出众的学习能力与记忆力。王青松认为自己已经成为8亿农民中的普通一员。虽然没钱没权，但一家三口和谐善良，身体健康。这是许多家庭投入无数时间和金钱也无法换来的快乐，王青松一家人做到了。

乐观者总是命运的宠儿

生活就像一个万花筒，里面有许多美丽的图案。有的是伤心，有的是孤独，有的是烦恼……而乐观向上就是最迷人的一个图案。假如你很乐观，你不必再为一次次挫折而伤心痛哭；假如你很乐观，你不必再因朋友少而感到孤独乏味；假如你很乐观，你不必再为一个个小小的困难或纠纷而烦恼自困……多些乐观，生活就多些快乐，多些精彩！一个能时刻保持乐观心态的人，就是命运的宠儿。

“情况没有那么糟”

沙漠的中午，气温能达到60℃～80℃。在这样的环境里，如果没有足够的饮用水，人很快就会脱水而死。然而，美国人维瑞尔和妻子罗娜带着六个孩子在沙漠中陷于困境时，却在没有足够饮水的情况下生活了三天，直到获救。

维瑞尔和罗娜喜欢历险。他们结婚前后曾多次去人迹罕至的地方旅行，每次都有惊无险地回来。这次，他们带上六个孩子，打算趁着假期去沙漠里进行一次难忘的旅行。他们没有通知任何人，开上汽车就出发了。孩子们看到茫茫大漠，都兴奋地叫了起来。夫妻俩也情绪高涨。两个人商量了一下，决定不走经常往来的道路，改走一条小路，希望看到更多的风景。

刚刚走出600米，汽车就无路可寻了。开车的维瑞尔在拐弯时，撞到了一块尖尖的石头，碰坏了汽车的水箱，水开始往外漏。汽车继续往前走，走了16千米之后，温度太高，水箱里的水沸腾了，只好停下来。这时，太阳毒辣地烤着大地。目之所及，除了几株仙人掌之外，几乎没有绿色。他们所处的位置偏离大路很远，不会有人路过这里。没有食物，没有饮用水，维瑞尔一家陷入了绝境。所幸，罗娜是个乐观的人。她看到孩子们无精打采地坐在车里，笑着说："孩子们，跟我来，情况没有那么糟。"她招呼孩子们下车，让他们坐在汽车形成的阴凉里。然后，她拉出车里的毯子，用刀子割成几条，在地上拼成了一个大大的"SOS"，并卸下汽车的后视镜放在地上，利用反射的太阳光向过往的飞机发出求救信号。她又和丈夫将备用的车胎卸下来，浇上汽油，以便随时点燃发出求救信号。

求救措施做完了，罗娜觉得还不够。孩子们虽然坐在阴凉里，但已经渴得受不了了。最小的孩子甚至哭起来。罗娜一边抱起小家伙，轻声安慰着："宝贝，不哭，不哭。"一边思考如何才能搞到饮用水。维瑞尔不声不响地卸下一个汽车轮胎，扔在地上。“嘿，真有你的！”罗娜突然明白过来，帮着维瑞尔卸下了其他三个轮胎。这样，清晨潮湿的空气聚在轮胎上，就可以收集一部分水。

“妈妈，我觉得全身的水都在流失。”一个孩子有气无力地说。罗娜赶紧抱住孩子，感觉他的皮肤很烫。“稍等，宝贝。”罗娜和维瑞尔在汽车阴凉里挖了几个坑，让孩子们跳进去，再浅浅地盖上一层沙子，只露出脸来。阴凉的沙子让孩子们舒服了许多。接着，夫妻俩又把破布盖在孩子们脸上，自己也钻进了沙子里。

“我好多了，妈妈。”孩子说。罗娜欣慰地笑了：“我说过，宝贝，情况没有那么糟。”

中午，太阳晒得更加厉害，孩子们脸上的皮都被晒破了。夫妻俩将孩子们的尿收集在水壶里，蘸湿一块破布，抹在孩子们的脸上，借以降温。维瑞尔砍来几块仙人掌，放在火上烤出水珠。一家人快乐地吸吮着水珠，聊以止渴。每当孩子们虚弱地说“我不行了”的时候，罗娜总会和丈夫想出办法，让孩子们知道，“情况没有那么糟”。

三天后，一支救援队发现了这一家人，他们得救了。维瑞尔和罗娜用自己的乐观和生存经验，保住了六个孩子的生命。

人生因爱而美丽

1997年，意大利电影《美丽人生》上映后，感动了整个世界。影片以1939年德国法西斯捕杀犹太人为背景，故事徐徐展开。犹太青年圭多利用自己的聪明才智和幽默细胞，成功地娶了一位美丽的意大利姑娘为妻，并生下一名男孩，取名约书亚。婚后的生活平静而美好。

好景不长，约书亚5岁生日那天，纳粹抓走了圭多和约书亚，并把他们关进了集中营。年幼的约书亚不知道自己处于危险的境地。圭多为了不让战争给儿子的心灵造成阴影，骗他说大家在做一场游戏。只要遵守游戏规则，获得足够的积分，就可以赢得一辆坦克。天真的小约书亚相信了。

在惨无人道的集中营里，圭多既要应付纳粹的奴役，又要巧妙地哄骗儿子，让儿子始终以为自己是在做游戏。面对饥饿，圭多告诉儿子遵守游戏规则不要讲话，并帮他混进德国孩子中，吃了一顿饱饭。面对以洗澡为名义的屠杀，圭多让儿子偷偷站进德国孩子的队伍，还骗他是在玩沉默游戏，目的是赢得积分。儿子快乐地生活在纳粹的阴霾之中。圭多还趁着做侍者的机会在纳粹的广播里为同在集中营的妻子播放《船歌》，给妻子送去安慰和鼓励。

德国快要解放时，纳粹准备逃走。圭多将儿子藏在一个铁皮柜子里，告诉他，这是游戏的最后一个环节，无论如何都不能走出柜子，然后就可以得到坦克。藏好儿子，圭多趁乱去找妻子，不料被纳粹抓住并枪杀了。

约书亚为了得到坦克，一直老老实实在柜子里待着，直到天亮才爬出来。此时，外面已经发生了天翻地覆的变化。

美军的坦克开过，一个士兵下车将他抱上坦克。约书亚高兴极了，因为他赢得了这场旷日持久的游戏，并投入了母亲的怀抱。很多年后，他才会明白，父亲当年以自己的生命为赌注，为他换来了没有阴影的童年和美丽人生。乐观幽默的圭多不仅为儿子撑起了一片快乐的天空，也为集中营里的难友们带去了很多欢乐。尽管身处集中营，每一天都有未知的风险，圭多依然用心中的爱，照亮了一个小小的角落。

警惕盲目乐观

我们提倡的是理性乐观，并非盲目乐观。理性的乐观者在遇到难题时，会积极寻求解决方案；而盲目乐观者则一味安慰自己“不用想太多，一切都会好起来”，而不积极想办法解决问题。从根本上说，盲目乐观者的思维已经脱离了现实，忽视了问题的存在。这种情绪不但无益，反而还会让人将希望都寄托在环境上，从而变得更加被动。不仅常人很容易犯盲目乐观的错误，连一些科学家们也不例外。

1900年，物理学界最有权威的科学家、英国皇家学会会长开尔文在英国皇家研究所发表演讲，认为物理学的架构已经基本搭好，物理学即将成为完美的科学。

开尔文的盲目乐观不是没有道理的。从16世纪末伽利略创立现代科学研究的方法论开始，经过牛顿、法拉第、麦克斯韦等科学巨匠的努力，物理学中的光学、力学、电磁学等分支已经高度发展，并建立了完整的体系。以当时的情况来看，物理学体系似乎已经很健全、很完美了。

物理学家普朗克年轻时，曾向他的老师冯·约里表示，要将自己的一生奉献给物理学。老师也是一位著名的物理学家，却劝他说：“年轻人，物理学是一门已经完成了的科学，没有什么发展了，为它献身实在太可惜了。”

在物理学家们看来，这门科学只需要小修小补即可，不会再有大发展了。时间仅仅过了几十年，原子物理学横空出世，成为崭新的研究领域。以往被看作天经地义的概念和定理统统受到了质疑，物质不灭、原子不可分、时间绝对等原理都被动摇了。物理学界发生了一场天翻地覆的革命，让很多科学家目瞪口呆，更打破了许多物理学家认为物理已经发展完美的幻想。科学的发展是永无止境的，过早的乐观只会阻碍认识新规律的步伐，并贻人笑柄。

那么，如何才能避免盲目乐观的情绪呢？以下几点可以作为参考。首先，正确认识自己。我们在前文中说过，认识自己是提高情商的前提。充分了解自己的优势和长处、劣势与不足，有助于找准自己的位置和发展方向。这样，问题出现时不会去刻意遮掩，更不会让自己产生错觉。其次，虚心接受意见。俗话说：“当局者迷，旁观者清。”如果自己对形势判断失误，又拒绝接纳别人的意见和建议，那很容易陷入盲目乐观的怪圈。最后，看清形势，准确评估风险。很多人容易盲目乐观，是因为他们低估了风险。处在社会中，应该保持冷静与客观，充分考虑可能出现的意外情况，并为此做好充分的准备。

行动改变命运

德国文学家歌德曾经说过："采取一个改变命运的实际行动，比一千个苦恼一万个牢骚都顶用。"在现实生活中，我们要做个勇于行动的人，不要等到万事俱备才开始动手；要培养行动的习惯，不要指望特殊的窍门或捷径，只有努力耕耘，命运之花才能结出丰硕的果实。人生就是一场伟大的战役，为了胜利，我们需要行动、再行动，一直行动，才能改变自己的命运。

行动更有力量

曾有人问古希腊哲学家苏格拉底："你为什么能成为这么有名的思想家呢？"

苏格拉底答道："多思考。"

这个人以为自己得到了成为思想家的真谛。回家后，他就躺在床上盯着天花板，一动不动，开始思考。至于思考些什么，别人不得而知。

一个月后，这个人的妻子来找苏格拉底，说丈夫每天都在床上躺着，就像中了邪一样。

苏格拉底到了那个人家中，发现他懒洋洋地躺着，蓬头垢面。他见到苏格拉底，赶紧爬起来问："这一个月来，我每天除了吃饭和睡觉，一直在思考。什么时候才能成为思想家呢？"

苏格拉底问："那你每天都在想什么？"

这人答道："想得太多了，一时半会儿也说不清楚。"

苏格拉底笑道："只想不做的话，只能产生垃圾，怎么能成为思想家呢？"

这人惊异地问道："思想家难道不是需要每天思考问题吗？"

苏格拉底严肃地说："空想是没有用处的。如果不去做，想得天花乱坠，也注定是虚无。"

行动比思考更有力量。一个人能否成功，不在于思想有多丰富，而在于是否能够马上采取行动。而很多时候，我们受到很多因素的羁绊，缺乏行动的力量。如何才能让自己立刻行动起来呢？试试下面这五个步骤。

第一，克服对未来的恐惧心理。面对未知的事物，我们都会或多或少地心生恐惧，不敢前行。已经取得的成绩成为拖累，让我们害怕前进一步可能会犯错误，既往的荣誉会随风而逝。这样，我们行动的能力会大大受挫，很多想法无法付诸行动。

第二，果断做出决定。很多情况下，我们之所以瞻前顾后，是因为考虑得实在太多，由此带来太多的顾虑。顾虑越多，动手的速度就越慢。不妨催促自己果断做出决定。尽管看上去有时会显得冒失，但行动起来，冒失也可以得到弥补。

第三，为自己制订计划。计划分为长期和短期两种：长期计划是人生计划，要为自己的将来进行考虑；而短期计划则需要获得看得见摸得着的成果，比如一周后要读完一本书，一个月后要养成一个好习惯等。有了计划就有了行动的动力。

第四，养成早起的习惯。一旦某天起床比较早，这一天都像被拉长一样。美国前总统托马斯·杰斐逊养成了连续五十年早起的好习惯，从来不在太阳升起之后起床。

第五，发现自己的长处。尽管木桶原理告诉我们，一个人的短板决定着他的发展。但善于发现自己的长处，着重利用自己的优势，对于一个人来说尤为重要。因为从自身优势出发，做事情容易取得阶段性成果，这会带给人强烈的成就感，从而激励我们为之继续努力。

无论什么时候，想到之后就马上去做，相信行动更有力量。

吕不韦囤积居奇

《史记》记载，战国时期，秦国的公子异人被送到赵国的都城邯郸做人质，这也是秦国远交近攻战略的一部分。此事被同在邯郸的吕不韦得知。吕不韦专门去拜访异人，一眼看出，异人奇货可居。回到家后，吕不韦问父亲："耕田能获得多少利润？"父亲说："大概十倍。"吕不韦再问："经商能获得多少利润？"父亲说："大概千倍。"吕不韦又问："如果扶持一个人当国君，又能获得多少利润？"父亲说："这可就无数了。"这段对话坚定了吕不韦扶植异人的决心。

说做就做。吕不韦来到异人的住所，承诺将倾尽家财资助异人实现自己的远大抱负。异人正在落魄之时，作为人质，性命也朝不保夕。而吕不韦当时家底殷实，是社会高层绅士。能够得到吕不韦的承诺，异人自然感激不尽。觥筹交错之间，异人许诺，如果有一天自己当了秦国国君，一定会与吕不韦共享富贵。

吕不韦开始了自己的计划。他拿出一部分钱财给异人，让他广交朋友，积蓄实力。自己则带上珍宝去了秦国，想办法结交了秦国太子安国君的宠姬华阳夫人的胞弟阳泉君，并暗示阳泉君，如果华阳夫人一直没有儿子，年老色衰之后就会失宠，现在拥有的权力也就烟消云散了。阳泉君把这番话告诉华阳夫人，华阳夫人果然很焦虑。这时，吕不韦对症下药，请华阳夫人收异人为儿子，并劝说秦国国君立异人为继承人。

在秦国，一切都很顺利，事态完全在按照吕不韦的计划发展。吕不韦回到赵国，劝说赵国君主送异人回国，并得到了肯定的答复。不料，异人正在收拾行装时，秦赵长平之战爆发，赵王改变了主意，异人只好继续滞留在赵国。吕不韦只好暂停实施自己的计划，每日陪着异人饮酒。一次，异人在吕不韦府上看中了吕不韦新纳的赵姬。

吕不韦灵机一动，将赵姬献给了异人，并借此在异人身边安插了自己的眼线。正当异人在邯郸娶妾生子时，秦军逼近邯郸，赵国的覆灭只在顷刻之间。都城一片混乱，贵族们忙着逃命，哪里还顾得上异人。在宾客的帮助下，异人顺利逃出赵国，回到了秦国。几年后，安国君即位，成为孝文王。可惜他在位时间不长，很快就去世了。异人如愿以偿地成为秦国国君，即庄襄王，吕不韦从此成为秦国政坛的权贵人物。

庄襄王即位后，第一道命令就是任命吕不韦为丞相，封文信侯，食邑十万户。命令一下，满朝文武震惊了。没有一个人能像吕不韦这样集官职、爵位、食邑的最高等级于一身。秦国大权掌握在吕不韦手上，庄襄王只不过是个傀儡罢了。掌权后，吕不韦将留在赵国的赵姬和儿子迎回秦国。庄襄王对曾共患难的赵姬宠爱有加，更加无心过问政事。从此，吕不韦在秦国专政十多年，直到庄襄王的儿子嬴政即位并长大后，吕氏专权才告结束。

当年，异人困在赵国时，很多士绅知道他的身份，也有人想过如果能帮助异人继承王位，回报无限。但只有吕不韦付诸行动，并一步一步推动事情向前发展。秦庄襄王即位时，想必会有很多名商大贾后悔自己没有把握住机会。但，机会只有一个，只有敢于行动的人才能抓住。

打败拖延症

你是否有过这样的体验？老师给你一个月的时间准备论文，你却迟迟不愿动笔，在临交稿前的三天内赶工，每天熬夜，在截止日期之前勉强赶出一篇东西，聊以交差。上司交代一项任务要在周五之前完成，你迟迟不愿联系别人，直到周三才开始召集组员开会商议解决办法，大家集体加班两天，周五拿出一个自己也不够满意的方案。如果你回答“是”，那可以确定，你患上了拖延症。

所谓拖延症，指的是做事能拖则拖，不能拖也要拖，明知道后果可能不堪设想，但就是提不起精神来做事，到截止日期之前搞得自己狼狈不堪。这不是一种病症，却在渐渐侵入很多年轻人的学习和生活中。网友们对拖延症的分析见仁见智。有人认为，拖延症由个人的完美主义引起，由于力求完美，害怕失败，非要等到所有的材料准备齐全、自己的状态也正好适合写作与思考时，才肯开工。但问题是，材料何时准备齐全，什么样的状态才适合写作与思考，不同的人有不同的定义。所以，一部分人始终觉得自己的材料还不够，状态不够好，而一直拖下去。有的人观点正好相反，认为拖延症患者不是害怕失败，而是害怕成功。他们觉得这次如果成功地完成了任务，下次就要跨越更高的高度。为了不那么快地接触更难的挑战，干脆让眼前的任务也往后拖一拖。

加拿大卡尔加里大学曾就此做过一份调查，调查显示，80%～95%的大学生认为自己办事拖拉，3/4的人认为自己是拖延症患者，半数的人认为拖延症已经严重影响了自己的生活和工作。据调查，喜欢拖延的人常有这样的心理状态：到最后的截止时间时，人的潜力会无限爆发，效率特别高。所以，他们喜欢把事情拖到最后一刻，来享受这种突然爆发的高效率。就像是吸烟者点燃一支烟后，从吞云吐雾中获得快感一样。有位拖延症患者打了一个生动的比喻：在大草原上，羚羊遇到了狮子。它突然爆发出超常的能量，脱离了狮子的魔爪。但这对身体几乎是毁灭性的打击。想想看，如果一天遇到狮子五次，羚羊的下场会是什么样？引申到拖延症，如果拖延的情况越来越严重，积累的事情越来越多，人应该怎么办？

对于我们来说，拖延症有三大危害

首先，拖延症会耽误我们的学业和工作。如果做好充足的准备，我们原本可以拿出更好的成果。但是，因为拖延，最后呈交的东西只是草草完成，还有很多漏洞亟待弥补，却没有了足够的时间。时间长了，我们的学业和工作成果会离我们的预想越来越远。

其次，拖延症会毁灭我们的身体。这并不是耸人听闻。在赶工的时候，我们通常要熬夜做事，甚至彻夜不眠，一直在连轴转。为了让自己的身体不至于在完工前困倦，我们会用浓咖啡和烟来提神，而这些东西将加速我们的衰老，并降低身体的免疫力。

最后，拖延症会让我们精神萎靡。熬夜和通宵做事会使我们打不起精神，而越来越近的截止日期又会迫使我们寻求其他的帮助，或者设法降低难度。这样，即便最后完成了任务，我们也无法从中获得足够的成就感来激励自己。到下次做事时，依然会拖延。久而久之，这就形成了恶性循环。

如何打败拖延症呢？这里有几个方法，不妨尝试一下。

第一，分清事情的主次，制订详细的计划；第二，回避外界的干扰；第三，找个志同道合者互相监督。一个人单打独斗很难坚持，而同道者则更清楚问题的症结所在，从而更有效地督促你。

总之，拖延是取得成就的大敌。一千个完美的想法不如一个不完美的行动。行动起来，向着自己的目标奋进吧！

Part 04

玩转情绪操纵术

拥有良好自控力的人往往善于观察，能正确地对自己和他人的情绪进行识别、评价和表达，进而以各种方式有效地调动对方的情绪，使其跟随自己的情绪走，以此缔造影响力，并使其得到充分的发挥，最终获得成功。

04

情绪可以感染，愤怒可以遏制

所谓的情绪传染，更多是一种形容，但是情绪的确会相互影响。心情舒畅、开朗的人，若同一个整天愁眉苦脸、抑郁难解的人相处，不久也会变得情绪沮丧起来。一个人的敏感性和同情心越强，越容易感染上坏情绪，这种传染过程是在不知不觉中完成的。而愤怒会使人失去理智思考的机会，许多场合，因为不可抑制的愤怒，使人失去了解决问题和冲突的良好机会。如果你希望掌控自己的情绪，那么，愤怒是一个不受欢迎的敌人，应该彻底把它遏制住。

情绪是一种病毒

据美国《华盛顿邮报》报道，美国夏威夷大学的心理学教授埃莱妮·哈特菲尔德及她的同事经过研究发现，包括喜怒哀乐在内的所有情绪都可以在极短的时间内从一个人“感染”给另一个人，这种感染力的速度甚至比一眨眼的时间还快，而当事人也许并未察觉到这种情绪的蔓延。

情绪就是一种病毒，当我们尚未发现的时候，它已经在生命的空气里四处扩散。

小孙是个爱时尚、赶潮流的女孩，下班从地铁口出来时，总爱在街边的外贸小店里逛逛，看看那些漂亮的头饰、衣服和小玩意儿，逗留一会儿再回家。有一天，她在一家店里试靴子、衣服，试了很久，突然看到一件非常漂亮的皮草大衣，于是兴冲冲地跟售货员小姑娘喊："把那件大衣取下来我看看！"

这个在店里打工的小姑娘，下午因为弄错了一件衣服的标价被老板狠狠批了一顿，一肚子火正没处发泄。她看了看试了半天却什么东西都没买的小孙，心烦地喊了一句："试了那么多都不要，这件皮草你买得起吗？"

平日里好脾气的小孙一听小售货员如此轻视她，也怒了："你这什么态度，你有钱你还来看店，人家试得我就试不得？我不买又能怎么样？"你一言，我一语，两个小姑娘就这样吵起来了。

最后，小孙在购物的心情完全被破坏后推门愤然离去。谁知道祸不单行，怒气冲冲地走在路上，又不小心跟迎面的人相撞，她没好气地冲着那人说："走路也不长眼睛！"对方立马白了她一眼回敬她："你才不长眼睛呢，小小年纪，满嘴脏话，跟谁学的！"

小孙自知理亏，憋了一肚子气继续往家里走。在楼梯口，看到不满三岁的邻居妞妞正坐在推车上被奶奶推着出去散步。妞妞见了小孙，高兴得手舞足蹈，张开双手，朝着她喊："抱抱，抱抱……"

小家伙一边喊一边笑容可掬地笑着。看着她阳光般灿烂的笑容，小孙不禁弯下腰，捏捏她的小脸，连声赞叹："妞妞真可爱。"妞妞扯着她的衣服，一大一小两个人，乐不可支，小孙刚才的一肚子怒火这时候也在笑声中烟消云散了。

小售货员把从她的老板处感染的不良情绪传给了小孙，小孙又把这种累积的愤怒和委屈传给了迎面撞上的路人，再反弹到自己身上，导致不满的情绪加剧，让她觉得整个世界都亏欠了自己。带着这种有色眼镜看世界，她自然觉得愤怒和委屈。直到碰到天真无邪的妞妞，妞妞纯真的微笑，把快乐的心情无障碍地迅速传递给小孙，终于使得快乐的情绪打败了小孙原来积聚的愤怒和不满的情绪。

很多人都有过这种情绪感染的体会。比如一对恩爱的夫妻，丈夫因为白天在公司受领导批评，心里不高兴，把不满的情绪带回了家。妻子看到后，自然要询问丈夫缘何郁郁寡欢，而丈夫的一句"你少管闲事"很可能就会引爆一场家庭战争。

对于一个城市甚至一个国家来说，情绪也同样会相互传染。2011年3月11日，日本附近海域发生9.0级大地震。时隔一星期，中国多个城市发生"抢盐风波"——因为轻信碘盐可以防辐射，超市的碘盐被抢购一空，有的地方一包盐价格上涨了十倍却依然脱销。从心理学上看，这是典型的从众心理在作怪。但从情绪管理的角度来看，这是典型的恐慌情绪的扩散。一部分人通过各种事端制造恐慌情绪并推动其快速扩散，以调动他人情绪的方式最终操纵了另一部分人的行为。

无论是好是坏，情绪都会传染。但通过观察，我们可以发现这样的特点：消极的情绪比积极的情绪更容易传染，因为接收情绪的人会努力去安抚释放情绪的人，这使得这种情绪更容易蔓延。同时，情绪传递通常是由表情丰富的一方传递给相对不丰富的一方，由比较善于表达或者地位更高的一方传递给另一方。

了解你的情绪

德国著名精神病专家维克多·弗兰克有过一段在纳粹集中营的经历，并对他后来的生活和学术研究都产生了深远的影响。因为每天都有人发疯或者死去，自己的至亲也一个个离去，和被关押在集中营里的其他人一样，维克多·弗兰克无时无刻不生活在恐惧中。他感到了巨大的情绪压力，每天都会有各种关于死亡的幻想。作为一个心理学家，他深深知道，如果不能有效地控制自己的情绪，他也将走上死亡这条路。

他开始强迫自己不想那些倒霉的事。每天离开集中营去劳动的路上，他都想象自己是去某个大学的教室上课演讲。于是，他总是不自觉地露出微笑。也是因为这种久违的微笑，维克多·弗兰克觉得自己一定能活下去。多年后，从集中营里释放出来时，维克多·弗兰克看上去精神很好。他的朋友都难以相信，一个从魔窟里出来的人依然能保持年轻的心态。

控制调节好自己的情绪，不仅让维克多·弗兰克获得了生存下去的力量，也让牢狱中的他心灵受到最小的侵害，保持了独立和完整的人格。

通过这个故事，我们可以看到，情绪也是一种生存的力量。但是，在其成为力量之前，重要的是要了解情绪，了解他人的情绪，了解自己的情绪。了解情绪并不是一件容易的事情。情绪的世界里，色彩很多，表情也很多。同样是喜，有的人手舞足蹈，有的人眉飞色舞，也有的人表面一点儿都看不出来。同样是悲，有的人号啕大哭，有的人唉声叹气，还有的人却永远都是“不动声色”。

你走在大街上，跟不同的人打招呼，多数人都会对你报以微笑，然后说声“好”，但同样是这个“好”字，却包含着不同的情绪，值得你去细细体味。

你仔细聆听说话者的语调，观察其面部肌肉的变化，看外部环境的影响，每一个小细节，都能让你有所收获——这是你在感受情绪。

心理学家曾经做过一项关于人的表情测试的实验。他们让一些人表现愤怒、恐怖、诱惑、无动于衷、幸福、悲伤这六种表情，然后将这些录制成录像带给很多人看，让他们根据表情来猜测表现的情感。结果，在六种表情中，正确率不到三分之一，有的甚至将愤怒的情绪理解为悲伤和无动于衷。由此可见，即便是情绪主体有意为之，观众也很难通过单纯的表情正确解读情绪。

因此，在感受情绪后，你必须将你所看到、听到的各种细节综合起来，才能对情绪做一个简单的判断，并通过各种观察结果来印证自己的判断。当你看到一个人虽然脸部表情很镇定，但两手一直紧紧抓着衣角，说话声夹杂着微微的颤抖，这时候他大抵还是很紧张的。这种多层次的观察会让你的判断更加全面和准确。

当然，思考情绪更能提高你判断的准确性，它是情绪认知中关键的环节，也是情商的基础。比如同样是下雨，想去打球的孩子很不满，因为下雨破坏了他的既定日程；而对于一个盼望雨水很久的农民来说，下雨让他喜出望外，庄稼终于有救了。这样来思考情绪，寻找情绪产生的原因，会大大提高你对情绪识别的准确率。

驯服情绪的野马

一位著名的物理学家，有一天因为胃病发作，疼痛难忍，情绪很坏。他忍着疼痛坚持工作，看完了一封一个年轻人写给他的信，粗粗扫了几眼后，他觉得满纸都是乱七八糟的理论，便将其扔进了纸篓里。两天后，他的病好了，心情舒畅了很多，突然想起那日的信件。于是，他又从纸篓里捡起那封信，认认真真读了一遍。这次的结果让他非常惊叹，他觉得那个年轻人做了一个了不起的研究。在他的推荐下，这篇论文发表后轰动了学术界，作者后来也成为业内著名的物理学家。

不同的情绪，导致了截然不同的结果，这是情绪的威力。一个人不可能没有任何情绪，一个没有热情、没有好恶、没有变化的人是不能称其为人的。但纵然情绪像野马，驭马的缰绳却还是在你的手里。

美国心理学家南迪·内森指出：一般人的一生平均有3/10的时间处于情绪不佳的状态，每个人都不可避免地要与消极情绪做持久的斗争。与情绪做斗争，你要认识到自己不良情绪的来源，不要在无所谓的小事上纠结。

王安石曾经有一首与情绪智慧有关的诗："风吹屋檐瓦，瓦坠破我头，我不恨此瓦，此瓦不自由。"被风吹落的瓦片，本没有自由，因此你就不用生气。如果狠狠踢它一脚，疼的是你自己，它依旧安然无恙。聪慧的王安石认识到了这个问题，没有让一块瓦片影响自己的情绪。

与情绪做斗争，就要为你的不良情绪找一个安全的出口。

美国前陆军部长斯坦顿有一天气急败坏地跑到林肯那里，控诉一个少将用侮辱的话指责他偏袒一些人。林肯给他建议说："你去给那个家伙写一封信，狠狠地骂他一顿。"这位陆军部长按照林肯的建议，立刻写了一封措辞激烈而刻薄的信，然后拿给总统看。林肯看后，高声叫道："好极了！就该这样教训他。"

但是当斯坦顿把信叠好装进信封里时，林肯却叫住他，问道："你想干什么？""寄出去呀。"斯坦顿回答道。"不要感情用事。"林肯制止了他，"赶紧去烧掉这封信。凡是生气时写的信，我都是这样处理的。写这封信的时候你已经消了心头之恨，现在感觉好多了吧？那么就请你把它烧掉。"——当你愤怒的时候，写一封信，发泄自己的不良情绪，等你的情绪安定下来之后，再抹去你在愤怒中所留下的痕迹，这是一种低成本的情绪发泄方式。等你冷静下来的时候，你也许会发现，自己在愤怒中所做的事情，是多么不理智甚至愚蠢。

与情绪做斗争，更重要的是，平时要常常为你的情绪排排毒，不要等它累积到一定程度甚至达到危险边界的时候才去理会它。在欧洲，运动排毒非常盛行。很多欧洲人一旦发现自己感染了情绪病毒，就去做运动出一身汗，让郁结于胸的情绪病毒随着汗水排出体外。

在美国，还有"沙盘排毒"一说。很多美国人发现自己情绪异常时，就会去玩沙子，将手指脚趾都深深插进沙子里撩拨。他们认为沙子细软柔滑，可散可聚，无孔不入，能过滤人的情绪病毒。日本人甚至还有一种好玩的情绪排毒法，他们在房间里特意放上哈哈镜，心烦时就看着自己扭曲变形的怪样纵情大笑，以嘲笑自己出气。

在平时的生活中，我们其实有各种各样情绪排毒的方法。诉说、哭泣、大笑、写日记甚至适当地撒撒娇，或美美地睡一觉，或随着音乐翩翩起舞，或自己挥笔作画，这些都是你排解情绪的方法，简单而有效。

赞美和认可：打开影响力通道的第一步

每个人都有自尊心和荣誉感。对一个人真诚的表扬与赞同，就是对他价值的最好承认和重视。真诚的欣赏和善意的赞许能拉近人与人之间的距离，消除陌生与隔阂。赞美别人并不需要你过多地付出什么，你要做的只是在与人交往的时候细心一点儿，找出别人的闪光点并给予恰当的赞美与肯定。在发现别人优点时，你也会发现自己的生活开始充满阳光。

学会赞美，你就成功了一半

有一位结婚不久的女子，每次回到娘家总爱在父母面前数落丈夫的不是，历数他的缺点。父亲听了不以为然，他拿出一张白纸，在上面画了一个点，问女儿：“你看上面是什么？”女儿不假思索地说：“黑点。”父亲再问，女儿又说：“是黑点啊。”父亲说：“难道除了黑点，你就看不到这一大块白纸吗？”女儿听了若有所思。从此以后，她不再在父母面前指责自己的丈夫了，两口子的感情也比以前好多了。

黑点和白纸，缺点和优点，重要的是你如何看待它们。每个人都有优点和缺点，看到别人的优点时，请不要吝啬你的赞美。适时地赞美别人，表现出你的认可，这是高情商的表现之一，也是打开你的影响力通道的第一步。

美国“商业奇才”鲍罗齐说：“赞美你的顾客比赞美你的商品更重要，因为让你的顾客高兴你就成功了一半。”

当赞美你的顾客的时候，你总是在观察他，他的表情，他所显露出的喜好——你在不断加深对他的了解和认识。当你的赞美恰如其分的时候，他会认为这是对他的一种认可和重视。当一个人被别人重视的时候，他也会反过来重视你，重视你的商品，重视你所说的话，你的影响力就在无意识中被扩大了。

一个成绩很差不受重视的小男孩，某一天被新来的语文老师夸奖字写得很漂亮。他非常高兴，从来没有人这样赞美过他，于是回家后更加用心地写他的作业，第二天老师还是一样夸奖他。过了几天，这个孩子觉得自己的字虽然写得挺好看，但是出错的地方太多了，自己都觉得不好意思接受老师的夸奖了。于是，他每天都请教他的老师和同学，努力减少自己作业中的错误。在老师的不断赞美和他自己的不断改进过程中，成绩竟然飞速提升。而这位老师，在孩子心里，也一直保持了非常重要的地位，老师说的每一句话，在这个孩子眼里，都像“圣旨”一样重要。

几句不经意的赞美话，就能够让一个孩子树立自尊、自信，也很可能会让他在未来创造无穷的奇迹。

赞美，是清晨洒在玫瑰上的露珠，是照在人心灵上的阳光。那些得到阳光的人，自然会倍加重视和珍惜。

赞美别人容易吗

我们说，赞美别人很容易，一个眼神，一次鼓掌，一句话，甚至并不需要你开口，你已表达你的赞美之意。

卡耐基曾说：“专心听别人讲话的态度是我们所能给予别人的最大赞美。”

最简单的倾听，便是一种赞美。

“盐和米”是一个公益社团，源于“我吃过的盐比你吃过的米还要多”，老人是盐，青年是米。社团的主要活动是通过老人口述生命故事的方式，建立老年人和青年人之间的感情联络。参加过“盐和米”活动的老人，都会觉得自己很受重视，都愿意分享自己的人生经验。这种重视感就是来自于那群青年人的倾听。无论枯燥与否，无论长短与否，他们在那里，聆听即是理解，聆听即是陪伴，聆听即是欣赏。

只要你是一个生活的有心人，便会发现，生活中有太多的细节，都包含着赞美的意味，随处可见，无处不在。你亲手为母亲做的一张小卡片，无论上面最后写的是什么，对母亲来说，这都是一次赞美；辩论赛结束后你的老师轻轻地拍拍你的肩膀，那也是一次赞美；你在乘车下车时对司机说的一声“谢谢，坐你的车十分舒适”，那也是一种赞美；你的家人在你长大的房间里为你珍藏起来的一大摞你小时候获得的奖状，那更是对你的赞美。

赞美，在生活中，其实可能就只是简单的一句话，一个点头的动作，也可能只是一束花，一封邮件，如此而已。

但赞美别人真的很容易吗？不，要学会赞美，其实也很难。

要学会赞美，你首先要做一个生活的有心人。如果你不仔细观察身边的人和事，你就很难真正找到你赞美一个人的突破口，这个突破口建立在你的关心和爱护之上，也建立在你的观察之上。

学会赞美，你要学会信任别人。缺乏信任，纵使你赞美的语言无比华丽，内容却是苍白的，这种赞美往往会引起人的反感。

学会赞美，你需要有广阔的胸襟。没有一个人不希望自己在各方面都比别人强，也没有一个人实际上在各方面都比别人强。只有具有宽广胸怀的人，才会将自己的心灵付出，与他人分享。

赞美也有技巧

赞美是快速拉近人与人之间距离的一大秘诀。然而，很多人的赞美常常被人视为拍马屁或者起不到赞美的作用。这是为什么呢？

因为赞美也需要技巧。对谁赞美？在什么时间、什么地点赞美？用什么样的语言和行动来表达赞美？这都需要熟练地掌握赞美的技巧。赞美如煲汤，火候、时间都很重要。

首先，赞美要去伪存真，真实的赞美才能真正打动人心。

卡耐基曾经说过：“赞美和奉承，一个是真诚的，一个是不真诚的；一个发自内心，另一个出自牙缝；一个为天下人所欣赏，另一个为天下人所不齿。”虚伪的、不切实际的赞美都可能适得其反。

三个推销员同时去一家公司推销一款产品。见到接待他们的李小姐后，三人都各显神通，极力赞美她。

推销员A说：“您今天真是太漂亮了。”李小姐马上反驳他：“您说我哪儿漂亮了呢，我怎么没发现呢？”A顿了顿，说不出话来，因为李小姐确实算不上漂亮。

推销员B说：“您显得真年轻，和刚毕业的大学生一样。”李小姐反问说：“我工作已经十年了，你怎么看出来我年轻呢？”这话让B始料不及，一时接不上话茬。

推销员C说：“您看起来真是与众不同。”李小姐同样问他：“你从什么地方看出来我与众不同？”C说：“因为别人都把手表戴在左手，您戴在右手。因为别人听到赞美之词都会欣然接受，您却一直在冷静思考。”

最后，推销员C成功地推销出去了他的产品，得到了李小姐公司的一个大订单。同样是赞美，推销员C成功找到了能让人信服的切入点，而他的竞争者却败在了“真实”和“真诚”上。

其次，赞美要及时，慢了一拍，便会失去原来的意义。

在动物园，我们看过很多动物的表演。无论是猴子还是海豚，在表演完一个节目后，饲养员都会喂给它们食物，或者轻轻拍拍脑袋，以示赞赏和鼓励，然后小动物们才开始进行下一个表演。人亦是如此。每个人都希望能在第一时间得到赞扬和夸奖。

在很多外企，领导者策略中都有一条“一分钟表扬术”，这和古人所提倡的“赏不逾时”是同样的意思。何为“一分钟表扬术”，就是一定要在最快的时间将这种赞美以各种方式表达出来，当场的一句赞美可能抵过两天后的十句赞美。

在一个知名的跨国企业，部门上下都为一个技术问题焦头烂额了很多天，想不出解决的办法。这时候，一位普通的员工敲开了总裁办公室的门。他从容地讲述了自己的方案。

没想到一个难题就这样迎刃而解了。总裁非常激动，连声称赞。但他将自己的办公室翻了一遍也没找出可以奖赏这位员工的东西。最后，总裁拿起桌子上仅有的一根香蕉，郑重地递给这位员工，向他表达赞赏之意。后来，这家公司专门设立了“金香蕉奖章”，这个奖项成为公司对员工的最高奖励。

最后，赞美还应当具体化，泛泛的赞美最容易让人厌倦甚至被误以为阿谀奉承。

小欣是初中一年级学生，每回说到他们的语文老师时，他都一脸不以为然的表情。语文老师是一个刚从师范学校毕业两年的小姑娘。在她的课堂上，听到最多的便是各种夸奖。她会抓住任何机会表扬她的学生，但是每次表扬总是“真棒”“真厉害”“真聪明”“棒极了”这些词句，每个人都会得到表扬，每个人都得到一样的表扬。结果就是——赞美“泛滥”，使其变得廉价，这些孩子们不再把老师的赞美当作是一种鼓励。相反，有的孩子觉得，我花三个小时做的手工作品和别人花一小时做的，结果都是“很棒”，我为什么还要那么认真去做呢?

可见，赞美要具体化，要有针对性，要善于把握别人的特征，不能说模棱两可的话。但赞美如果只是泛泛而谈，很容易流于形式，进而让人质疑你的赞美的真实性。

尊重是一颗双响炮

尊重他人是一种高尚的美德，是个人内在修养的外在表现。尊重，是人的自身修养以及自我内涵的表现，也是人所必须具有的品质。尊重，简单地说，就是一种品德。它反映的是一个人的文化素养、道德修养。同时也反映了一个民族的文化底蕴。尊重是一种品德，无论是在学习、工作还是生活中，无论是对同学、老师、领导、同事或是邻居、朋友甚至家人，都应该自觉践行尊重，因为每一个人都希望得到他人的尊重。

把别人的自尊放在第一位

一位哲人曾经说过：“给予他人尊重是社交中最伟大的技巧。”一个高情商的人，不仅能够认识自己，也能够准确地察觉别人，而尊重是认识自己和察觉别人的基础。尊重别人，首先要将别人的自尊放在第一位。

在英国王室招待印度代表团的晚宴上，最后一道餐点结束后，侍者为每个人端上了一小盆清澈见底的水，用来洗手。不熟悉英国晚宴习俗的印度人误以为是用来喝的水，其中一个人端起小盆就喝了一口。

一旁的英国王室的人看得目瞪口呆，不知道如何是好。当时还是英国皇太子的温莎公爵见状，一边继续谈笑风生，一边也端起水喝了一口。其他人见状，也纷纷效仿。一场外交上的尴尬场面就这样被温莎公爵轻而易举地化解了。

“温莎公爵喝洗手水”的故事一直被视为外交史上的典范之举。谁都希望自己在别人面前有尊严，被人重视，得到尊重。将别人的自尊放在第一位，不仅是外交的原则，也同样是做人的原则，是一个高情商的人必备的素质。

很多时候，即使别人做错了事情，也还是希望能够保全自己的“面子”。即使有些人需要别人的帮助，也还是希望在得到帮助的同时，能够保留自己的尊严。

有一位老人，长期从事公益事业，资助孤儿、残疾人和家境贫困者。他虽然家境富裕，但每次去见资助对象的时候，总是穿上最朴素的衣服。在接受记者采访时，他说：“有些人生活太艰难，我希望他们能从我这里感受到平等的爱，我很少穿高档的衣服，就是想和他们保持一致，帮人的时候也要考虑别人的尊严，如果像一个施舍者，这本身就是一种不尊重。”接受过他资助的很多人，后来都努力自助、自强，走出了生活的困境。

西方也有很多类似的小故事。一个独臂的乞丐到一个农家院子里乞讨。善良的妇人拉他到后院，委婉地问他：“我一时找不到帮手，你能不能帮我把这堆干柴从后院搬到前院，我会支付给你一些报酬。”

乞丐愣了愣，最后用一只手，前前后后跑了不知道多少趟，才满头大汗地搬完了这些干柴，并获得了他的劳动报酬。乞丐一出门，妇人便让她的儿子把干柴又从前院搬回到后院。她儿子很不解。妇人说：“我只是希望他能认为是自己的劳动得到了回报，而不要认为是我们出于怜悯在施舍他。”

若干年后，经过艰苦的奋斗，这个乞丐创办了自己的公司。而那一次“搬运”，是他人生的转折点。那一天，他明白了什么是尊严，什么是希望。而那位妇人，正是给灵魂开药方的高人。她的一帖处方，给了这个独臂乞丐充分的尊重，也唤醒了乞丐内心深处的自尊。

尊重都是双向的

萧伯纳出访苏联的时候，在莫斯科街头遇到一个叫作安妮的可爱的小女孩。萧伯纳和这个小女孩玩了很久，告别的时候，他对小女孩说："回去告诉你妈妈，今天跟你玩的是世界著名的文学家萧伯纳。"小女孩愣了愣，马上跟他说："回去也告诉你妈妈，今天跟你玩的是伟大的小女孩安妮。"萧伯纳意识到自己的傲慢给这个自尊心很强的小女孩带来了伤害，立即向她道歉。这件事给了萧伯纳很大的启发。很多年后，他想起这件事的时候，还经常跟别人说："一个人无论什么时候都应该尊重别人，无论有多大的成就都应该谦逊。"

一切尊重都是双向的，哪怕你的地位再高，想得到别人的尊重，你首先要尊重别人。你不尊重别人，也就失去了让别人尊重你的资格。

有一位作家，经常在自己的文章中提到他的儿子。刚上初中的儿子特别不满，屡次告诉父亲，以后再不可以把自己写进文章中拿去发表了。这位作家不以为然。有一次，儿子发现自己又被父亲写进了文章里，于是去质问父亲。父亲保证说："以后再也不写你了。"儿子讽刺道："你保证了也没有用，不过放心，我也把你写进我的文章里了。"父亲一惊："你把我写进哪里了？发表在哪儿了？"儿子说："你放心，只是在我们班级的墙报上。"父亲有些生气地说："你都没有经过我的同意，以后再不能这样了。"儿子反问道：

“那你又什么时候经过我的同意了呢？”从此以后，这位父亲再也不在未经儿子允许的情况下将其写进自己公开发表的文章里了。他也因此学到了一个道理，即使是小孩子，也需要尊重。

正如西汉官吏扬雄所说的，人必自敬，然后人敬之。尊重的相互性，和身份无关，和地位无关，这是一种美德，一种素质。尊重他人是一种美德，更是一种能够转化的力量。

著名作家刘墉曾经讲述过他和儿子刘轩的一段对话。

有一次他们看一场篮球比赛。刘轩发现投进球的人总是第一个返回防守。

刘墉说：“投进球的人，刚刚冲锋陷阵，一定最累，而且最可能接近对方的底线，为什么还最先回防？”

儿子刘轩理直气壮地反驳：“就因为他立了功啊！人有自尊的时候会更拼命！”

这个故事的道理是这样的：投进球的球员因为立了功，受到大家的尊重，这种尊重也激发了他的自尊，这种自尊便化作前进的动力和力量。很多时候，这种力量比任何鼓励和物质奖赏的作用都要大。它是内心对自己的一种肯定，更是自身人生价值和社会价值的体现。

第二次世界大战期间，法国的一个步兵团遇到了敌人顽强的抵抗，士兵们陷入困境，无法前行。法军将领情急之下，对着士兵们大喊：“谁冲上前炸掉堡垒，就可以获得1000法郎的奖赏！”

士兵们都立在原地，无动于衷。将领非常愤怒。这时候，一位士兵走到他跟前说："如果您不提奖赏，我相信我们每个人都愿意往前冲！"副将见此，向着队伍大喊："士兵们，为了我们的法兰西，冲啊！"听完这句话，士兵们都开始奋不顾身地往前冲。战争最后获得了胜利，千余名士兵付出了生命的代价。

在这些士兵们看来，尊严比生命更重要。"为了我们的法兰西"，像一把火燃起了军人心中的自尊和保家卫国的责任感，让他们能够舍生忘死，前仆后继。而1000法郎的奖赏，在他们看来，恰恰是对一个军人人格的最大侮辱。

尊重，在战场上化作了最强大的力量，在关键时刻起了决定性的作用。这种力量源于人性本能对职业的认可和忠诚，这种力量建立在对这种本能认可的尊重之上。它从灵魂深处来，因此，几乎没有什么其他力量能够与其相抗衡。

尊重也是一门艺术

现实生活中，很多人都会发出这样的感慨：我真的不知道什么时候得罪了他，他突然之间就生气了。尊重他人是个人内在修养的外在表现，如何尊重他人和赢得他人的尊重却是一门艺术和学问。

首先，尊重他人，需要你口下留情。语言有时候就是一把锋利的刀，会留下无法愈合的伤痕。

口下留情，切记"良言一句三冬暖，恶语伤人六月寒。"

澳大利亚的一位老人，曾经将总理霍克告上法庭。老人起诉霍克的原因是，霍克和他因为对养老金的观点不同而起争执的时候，霍克骂了一句“愚蠢的老东西”。霍克很诚恳地跟这位老人道歉。他说：“那天我确实心情不好，但这不能成为我使用那种措辞的理由。”一句“愚蠢的老东西”，深深伤害了对方的心灵，也毁了霍克多年来树立起来的形象。即使只是一句话，也有着强大的杀伤力。

口下留情，切记别当面揭人伤疤。

一位从劳教所出来的青年，经过自己的不懈努力，最后成为一家大公司的部门经理。一次因为他犯了一点儿工作上的错误，他的上司非常恼火，脱口而出：“你当年不就是因为一时冲动犯下错误进了劳教所吗？为什么还不吸取教训！”

这一句话将沉寂的往事又翻了出来，一度又让这位改过自新的青年陷入心理的困境，他的上司追悔莫及。

释迦牟尼说：“讨厌人、戳人痛处、不留情面的人，好似仰天吐唾沫，唾沫到不了天，还会坠落于自己身上；好似逆风扬尘，尘不至于对方，还是撒向自身。”

口下留情，请保守好别人的秘密。

佳佳的母亲发现小学六年级的女儿最近总是表现出烦躁的心情，不喜欢跟人沟通。在她的耐心引导下，女儿才讲出了事情的原委。原来，佳佳的小腿边上有一块很大的红色胎记，佳佳一直觉得非常难看，从来不穿裙子。前几天班级演出的时候，她的同桌无意间发现了这个秘密，并告诉了其他同学。很快大家都知道了，并且总有好奇的孩子来询问佳佳。羞涩的佳佳再也不想跟这位同桌讲话，也不想理会班上的同学。一个小秘密的泄露，影响了佳佳的学习和生活，也影响了整个班级的和谐氛围。

每个人都有自己的秘密，如果你的朋友信任你，把他的秘密毫无保留地告诉你。那么你更应该尊重他，让“我只告诉你”这样的话就在你这里停止，不做传话筒。遵守诺言，保守秘密，这是你对个人隐私的尊重。一旦被别人贴上“长舌妇”的标签，失去的不仅是别人对你的尊重，你的人际关系也将会走进死胡同。

其次，尊重他人，退一步海阔天空。

清代宰相张英接到家人来信，说邻居侵占了自己家中的一堵墙，想让他出面相争。张英一封家书快马传递回家，上面只附诗一首：“千里寄书只为墙，让他三尺又何妨。万里长城今犹在，不见当年秦始皇。”

家人羞愧万分，接到书信后，马上退让邻居三尺而筑墙。邻居很感动，也退让三尺，在两家之间形成了后来有名的“六尺巷”。

少一份计较，退后一步，就会海阔天空。这个“退”字，不是懦弱，也不是无奈，而是对别人的充分尊重。互让三尺，是豁达宽容地接受对方，是互相尊重和理解。互相收获理解和友谊，这种“退让”，何乐而不为呢？

绝对说服力，攻心为上

说服力是一个人成功与否的关键，亦是情商的重要表现。在工作和生活中，我们无时无刻不在调动这种能力。父母总是企图说服孩子在学习上投入更多的精力，下属总是希望以各种翔实的数据和事实说服上司接受自己的建议，妻子总是盼望能够以各种方式说服丈夫陪自己逛街购物。然而，如何让说服来得更给力一些呢？

诸葛亮缘何“七擒孟获”

诸葛亮当年决定亲自率军平定南中叛乱时，参军马谡为他送行，并为诸葛亮献上了“攻心为上，攻城为下，心战为上，兵战为下”的战略。孟获是南中地区的大姓豪族，在当地很有威望。为了使孟获心服口服，诸葛亮听从马谡的建议，攻心为上，对孟获屡擒屡纵。

第二次擒住孟获，诸葛亮笑曰：“你之前说过，如果再被我抓到，就愿意投降。现在怎么样？”

第三次擒住孟获，诸葛亮曰：“现在已经被我抓了三次，怎么还不肯降服呢？”

第四次擒住孟获，诸葛亮大怒曰：“现在又被我抓住，你可愿降服？”

……

直到第七次擒住孟获，孔明避而不见，使人对孟获说：“丞相不好意思见您，特地派我来放您回去，再召集人马来决一胜负。您可以走了。”

一次次的攻心战，终于使孟获无地自容，他决心臣服，流着泪说道：“丞相七次抓住我，又七次把我放掉，自古以来没听说过这样的事。我虽然是教化外之人，也知道一些礼义，难道就这样不知羞耻吗？”

最后，孟获带领大军到滇池，大喊：“您真是天威啊，我们再也不造反了！”与诸葛亮盟誓，此后一直忠于蜀汉，南中一带（今云南、贵州和四川西南部）彻底安定了。

“攻心术”就是由此而来。

诸葛亮大军开进，与孟获本身力量相差悬殊，拿下南中之地本不是难事。为何要费尽心思七擒七放？

原因在于取得军事胜利虽不是难事，但要南人心服，却不是一件容易的事。大军退走，南人再反，国家永无宁日。聪明的马谡和诸葛亮都深谙其道，硬是以攻心术换来了南中地区的百年和平。

联想到我们的生活，比如一个公司的领导，要管理好他的员工并不难，领导的权威和气场很多时候也能够让命令传达下去，也能够拥有一定的执行力。但是，如果要员工们都心服口服，就一样需要诸葛亮的攻心术了。

欲攻其心，必先知其心

“攻心为上”，这是马谡和诸葛亮的军事计谋。而欲攻其心，则必先读懂其人。只有知人心，攻其心时才能有针对性，才能提高准确率。

首先，知其心，先要了解对方的性格、长处、兴趣等。

这些都是一个人慢慢积累沉淀下来的个性化的东西，很难在一时之间发生巨大的转变。但是，它们对于你能否成功说服别人却有着很大的影响。比如，不同性格的人，对接受别人意见的方式和敏感程度是不同的。了解他们的性格、爱好等，有助于你采取不同的方式，对症下药。

其次，知其心，还要从细节入手。当一个人不经意地耸肩，搓手，或者扬起下嘴唇，莱特曼就知道他们在撒谎。通过对脸部表情的分析，他可以读懂一个人的感情——从隐藏在心底的憎恶，到性的冲动，再到嫉妒。

最后，知其心，更需要读懂言外之意。

在文学作品中，很多话，往往都有言外之意，需要你从感性到理性，从局部到整体，去理解和领悟。与人交流亦是如此。

曹操非常看重曹植的才华，屡次想改立他为太子。有一天，曹操想就改立太子的事情征求贾诩的意见。聪明的贾诩故做沉思状。曹操好奇地问："你在想什么问题？"贾诩回答说："我正在想袁绍和刘表废长立幼招致灾祸的事。"曹操大笑，明白了贾诩想要说的话，从此以后，再也不提改立太子的事情了。

一个高情商的人，往往会视场合说不同的话，他的话常常是包含弦外之意的。一个高情商的人，也应该是一个能够读懂别人话中的言外之意的人。

怎样说话比说什么样的话更重要

知其心固然重要，然后用何种方式来攻其心也很重要。有时候，怎样说话比说什么样的话更重要。在了解一个人的基础上，采取有针对性的举措的时候，我们同样应当注意说服的技巧。

第一，你能给别人带去什么。

这是一个最实际的问题。当你要去说服别人的时候，先问问自己，你能给别人带去什么。

据新闻报道，美国国务次卿罗伯特·霍马茨在访问中国时曾经就中美合作问题接受记者采访。他说："美方正积极找出自身诉求对中国有利的一面，并据此说服中国合作。"

用"中国利益"说服中国合作，这不失为最有成效的说服法。

从说服性营销的角度来看，对客户利益的有效满足是营销行为的基础和最终目的。只有当客户相信你的产品、服务或建议能够有效满足他们的想法和需要时，他们才会进行消费。

同理，如果你能告诉你的说服对象，你能为他带去什么并且这种利益正好与他的需求相一致，那么，你的说服就已经成功了一半。

第二，用选择题代替是非题。

马路两边有两家差不多规模的小吃店，马路左侧那家每天的营业额总是比马路右侧那家高出不少。有一天，马路右侧小吃店的老板终于发现了奥秘。

原来，客人到对面店就餐的时候，如果是点一碗面，伙计总是问："您加一个鸡蛋还是加两个鸡蛋？"这时候顾客一般都会选择加一个鸡蛋。而在自己店里，伙计们一般都是问顾客："您需不需要加鸡蛋？"

这是非常高明的说服术。对方不问你需不需要加鸡蛋，而是让你在"一"和"二"之间选择，常常在你还没有察觉自己并不需要加鸡蛋的时候，你就已经做出了一或者二的选择。

第三，以退为进，先屈后伸。

对于对自己有很深的成见或者性格执拗的人，以退为进不失为一种好的说服法。

一位母亲要说服自己10岁的女儿去院子里拔草。女儿一直撒娇不肯参加劳动。母亲很慈爱地看着小女儿说："你是不是怕太阳晒呀？"女儿想了想，怕太阳晒的理由也总好过不想劳动，于是赶紧点点头。母亲见状，接着说："那我们等太阳下山了再去拔草吧。"

在这里，这位母亲就很好地使用了"以退为进"的方法。在开口之前，她已经预料到，在承认懒惰和害怕太阳晒两者之间，女儿一定会选择后者。于是，她放心地打出了这张欲擒故纵的牌，果然成功说服了女儿。

第四，激将法有时候也很管用。

激将法，旨在激起对方不服输的情绪，将其怒气化为动力。古代兵书中常有"激气"、"励气"、"怒而挠之"等说法，意即激将，只是前两者是对友，后者是对敌。

张小姐是某商场奢侈品专柜的销售员，她对于钟表的销售有着一套独特的心得。比如当顾客在柜台前犹豫不决，不知道要不要买下看中的商品的时候，她总会微笑着夸上一句："您真是太有眼光了，昨天有位沙特阿拉伯的商人远道而来也看中了这一款，但最后觉得太贵了没舍得买。"很多顾客就是因为这句话，最终出手买下了价格不菲的商品。

激将法在说服术中有着重要的作用，但它并不适用于那些性格内向、自卑感较强的人。言语的刺激会使得他们误以为这是对他们的挖苦、示威，最终很可能使他们走向一个极端。

有舍才有得

很多人都听说过世界经典童话《渔夫和金鱼的故事》。拥有神性的小金鱼为了报答渔夫的恩情，不断满足他妻子的要求。然而那位老太婆非常贪婪，总是不满足。从一只新木盆到一座木房子，再到世袭的贵妇人，再到女皇，甚至要小金鱼亲自服侍她。最终，她所拥有的一切都被收了回去，又回到了原来清苦的生活中。懂得满足和舍弃，是情商训练中的一门重要功课，更是一种本领，一种心态，一种智慧。

不钓大鱼的垂钓者

有一个人在河边钓鱼，每钓上一条鱼，他就拿尺量一量。只要比尺大的鱼，他都丢回河里。

有人看到后，非常不解地问他："别人都希望钓到大鱼，你为什么将大鱼都丢回河里呢？"

这人不慌不忙地说：“因为我家的锅只有尺这么宽，太大的鱼装不下。”

不钓大鱼，因为再大的鱼装不进锅里，对钓者来说，便没有意义。只取自己够用的，只拿自己跳一跳便能摘到的果实，这种“不贪心”，是对形势的准确判断，也是为自己减轻负担。

甲和乙一起去山上寻找精美的石头。好不容易翻过几座山，到达了传说中盛产石头的大山山顶。看到满地漂亮、珍贵的石头，甲不顾石头的大小和重量，很快将整个筐都塞得满满的。乙只挑了他认为最精美的一块石头放在自己的筐里。

甲非常惊愕地问他：“为什么不多拿两块石头把筐装满？”乙笑而不语。

回去的路上，翻山越岭，甲背着满筐的石头，终于坚持不下去了。最后不得已，他只能不断地挑筐里最差的石头扔掉。最后归来的时候，甲的筐里和乙一样，也只剩下一块石头，而那块石头的质量远不如乙带回来的那块。

当没有人要求你做出选择的时候，当你并没有面临非要舍弃一些才能得到另一些的时候，你需要有足够的智慧来对现状和未来的形势做出判断和抉择。

也许，当旁观者看到那位钓者总是放走钓上来的大鱼的时候，会暗笑这人是个傻瓜。也许，当故事中的甲看到乙放着那么多漂亮的石头无动于衷的时候，也会觉得自己碰上了一个傻瓜。但钓者和乙的明智之处，在于并没有人明确地告诉他们

“鱼和熊掌不可兼得”的时候，他们能够未雨绸缪，从实际出发，从长远的角度考虑问题，自动地舍弃可能将不在自己掌控之内的东西。

敢于扔掉手中的金子，这对一个人的判断能力有着极高的要求，也是一种自觉和智慧的表现。

松开的手比握紧的手拥有更多

我们常常说，当上帝为你关上一扇门的时候，必定会为你打开一扇窗户。

如果你没有高度的“自觉”，主动舍弃，那么很多时候你就将面临选择。这时候，总是得失参半，上帝不会给任何人太多。而当你执着于自己想要的东西时，很可能已经失去了更多的东西。

一个小男孩在玩耍的时候把手伸进了一个上窄下宽的花瓶里，却怎么也拿不出来了。小男孩的母亲很焦急，试了很多次都没有用。最后，这位焦虑的母亲只能忍痛割爱，无奈地把这个非常名贵的花瓶打碎。但打碎花瓶后她才发现，原来并不是花瓶的口不够大以至于孩子的手拿不出来，而是这个小男孩的手里紧紧攥着一枚一块钱的硬币，死死不肯放开。

用一个名贵的花瓶换取一枚一块钱的硬币。你也许会笑这种愚蠢的行为。但事实上，我们很多人每天都在做和这个小男孩一样的事情。他们并不知道松开的手有时候会比握紧的手拥有更多，因为不舍得放弃，最后因小失大。

“假虞灭虢”的故事说的就是这样的人。

春秋时期，晋国的东南有两个国家，虞国和虢国，这两个国家互相接壤，互为依存，百姓生活非常和睦。

晋献公早就心存吞并虢国之心。但是攻打虢国，必须借道它的联盟国家虞国。如何让虞国同意让晋国的军队通过呢？晋大夫荀息建议用晋国的千里马和玉璧去贿赂虞公，从而达到借道的目的。

虞公见到晋国来给自己送礼物，非常得意，打算借道给晋国。虞国的大臣们阻拦他：“虢国和虞国唇齿相依，如果虢国被晋国灭亡，那么晋国一定会来攻打虞国的，下一个被灭亡的就将是虞国了。”虞公不听劝告，连续两次借道给晋国。晋国吞并了虢国后，回程便攻破虞国，虞公的千里马和玉璧，外加大好河山最终都落入晋国之手。

不知道虞公看到晋国军队攻破城门的时候，是否后悔当初因贪图千里马和玉璧而借道晋国呢？最终他落得两手空空，成为阶下囚。和前文的小男孩一样，虞公手里也抓着那枚一块钱的硬币不肯放，只是最后他打碎的花瓶，是一片大好河山。

因小失大，细细分析，皆因为缺乏高瞻远瞩的眼光。

不计得失，才能一身轻松

面对生活，我们只有好好生活这一个选择。每个人就像漂泊在茫茫大海中的一叶小舟，风和日丽的时候，我们感叹人生的奇妙和美好，风雨交加的时候，我们慨叹生命的莫测和诡谛。一切的感知都由心而生，也会由心而灭。人生就在循环往复的得失之间延伸，生命就在得失之间显现出它的重量，心灵就在得失之间找到栖息的地方。人生就像一个容器，我们不断地为我们的生命带来新的东西，也会在不经意间情愿或者不情愿地失去一些东西。但是有得必有失，得失虽然不可能必然成正比，但是得失是人生的必然。

我们都是凡夫俗子，不可能完全做到不在乎得失，但是如果我们用从心底升华出来的一团祥和之气，包容人生的得失成败，或许我们的人生就会不同凡响。相反，如果我们面对得失，耿耿于怀，斤斤计较，在得到或者失去的东西没有什么太大改变的情况下，我们失去的却是一颗淡然的心。

塞翁失马的故事古老而深刻，马无故跑失的时候，老人没有忧心忡忡，没有抱怨别人或者责怪自己，他淡然面对。那匹跑丢了的马，带着胡人的良马回来的时候，他没有欣喜若狂，视若珍宝。在得失之间老人一直有着一种超脱的淡然，这是处于纷繁复杂的现代社会中的我们，急需的一种心境，那是一种被放大了的和气，对自己少一点儿苛刻和抱怨，对别人多一点儿宽容和同情。让得失顺其自然，让生命顺其自然。“海纳百川，有容乃大。”因为能容，所以海才有了博大的胸怀，但是比海还大的是人的胸怀，让一团和气置于心间的时候，我们的胸怀就比海还要宽广。

爱情、亲情、友情关乎着得失，工作、事业、家庭紧连着得失。它们是构成我们生命的全部，是我们生活的主旋律。不管工作还是生活，快乐轻松才是最高的宗旨，千万不要把目光停留在得失之上，而错过人生最美好的风景。

不管公事还是私事，不要计较得失，自有公论为你辩白。不要计较职务高低、金钱多少，快乐无忧最好。不要因为鸡毛蒜皮的事情大发雷霆，大伤和气，让生活变得沉重。不要把自己出卖给没有意义的蝇头小利，让自己变得郁郁寡欢，沉重不堪。不要因别人的言语不周，而辗转反侧，百思不解，怀恨在心，多一点儿大度，多一点儿和气，自然烟消云散。不要为权为利，明争暗斗，大动干戈，伤人伤己，忘却来时路。人生很短暂，如果我们拘泥于得失之间，人生会过得多么愁苦而沉重。大气一些，淡然一些，我们在同样的生命长度上会收获不一样的生命意义。

有一位名叫尤里乌斯的画家，他画得一手好画，但刚开始时无人赏识，生活非常不济。于是身边的朋友提议他去玩足球彩票碰碰运气，于是尤里乌斯花了两马克买了一张彩票并出人意料地中了50万马克的大奖。

在所有人的羡慕嫉妒中，尤里乌斯买了一栋别墅，还没有等他享受几天，别墅就由于一场意外的大火而毁于一旦了。朋友忍不住大呼："真是太不幸了！"尤里乌斯反问道："这有什么不幸的？"朋友说："你遭遇了这么巨大的损失已经够不幸的了，你现在一无所有了。"尤里乌斯淡然一笑："这有什么大不了的，不就是损失了两马克而已吗！"

多么大气的回答，尤里乌斯并没有因为损失巨额财产而生气、愤怒，却将金钱的得失置之度外，不被得失所累，是多么难能可贵。

不计得失能够减轻我们生命的重量，给我们的生命注入更有价值的东西，让我们的生命变得轻松而有意义。

石油大王洛克菲勒，家喻户晓。他是美国第一个百万富翁，他拥有最大的独资企业——标准石油公司。然而他曾经却是一个只求“得”，害怕“失”的资本家。他曾经为没有起到作用的150美元的保险金而懊恼不已，伤心落魄，病倒在床上。患得患失、锱铢必较的思想观念，给他的精神和肉体带来了沉重的包袱，严重地危害到了他的身心健康。

53岁的他“看起来像一个木乃伊”，已经失去了生命的活力。为了挽救他的生命，医生为他做了心理咨询，告诉他两种选择：要么用失去一些金钱换取生命，要么保留金钱失去生命。在医生的引导和帮助下，他对自己思想的错误有了深刻的认识，他开始为他人着想，开始热心捐助慈善和公益事业。为芝加哥大学、塔斯基黑人大学捐助巨款，成立了一个庞大的致力于消灭世界各地疾病、文盲和无知的国际性基金会——洛克菲勒基金会。把金钱捐给社会之后的洛克菲勒，感受到了从未有过的满足，他没有了关乎金钱、关乎得失的烦恼。他轻松快乐地延长了45年的生命。

对待得失的态度就是衡量生命智慧的标尺，选择对待得失的态度就是选择生命方向的路标。不计得失，生命一路平淡，一路自由，一路轻松！

如何才能有所“得”

有舍才有得。当我们舍弃一些东西的时候，我们常常这样安慰自己，希望因为这一次舍弃的行为，今后能得到更多的回报。舍得舍得，不“舍”哪有“得”。但是舍弃了，却未必都会有“得”。要有所“得”，就要从过去的生活里走出来，别让坚持成为固执。

有一件你不想穿的衣服，因为不忍心扔掉，所以总是占据着你本来就不大的衣柜。然后你时常需要去收拾它，费时又费力，最后你会发现只要看到这件衣服就心烦。和这件旧衣服一样，如果你给自己背上了历史的包袱，你总是沉浸在你过去的生活和故事中，即便你过去曾经高瞻远瞩，为了更好的未来舍弃过，最后也未必会有所“得”。

“采菊东篱下，悠然见南山。山气日夕佳，飞鸟相与还。”倘若陶渊明舍弃了古代文人梦寐以求的官位，舍弃了稳定、牢靠、优厚的生活待遇后，却对曾经有过的生活念念不忘，最后又怎么可能在散发着泥土芬芳的田园中享受怡然超脱的人生呢?

同样，苏东坡屡次被贬，官场失意，生活窘迫，却在文坛赢得了千古盛名。倘若在失去之时只会怨天尤人，那么，在浩瀚的历史长河中，他也只能成为过眼云烟。

要有所“得”，更需要你在舍弃的基础上再努力。

舍弃一滴水，你得到的可能是一片大海。舍弃一棵树，你得到的可能是一片树林。但如若没有后来的努力和奋斗，一滴水终是难以成为海的。

“文王拘而演《周易》，仲尼厄而作《春秋》；屈原放逐，乃赋《离骚》；左丘失明，厥有《国语》；孙子膑脚，《兵法》修列。”这里的舍弃虽是一种被动的失去，然而如果没有超人的毅力和持续的努力，无论是文王还是左丘，怎么可能创造出让历史铭记的成绩？星云大师说：“舍，于人是慈悲，于己是精进，以舍为得，无处不春风。”

有舍有得，请你放下过去，用清醒的头脑去衡量利弊，用百倍的精神去追逐未来。如此，“舍”才能成为“得”。

真诚，立身处世的不二法门

真诚，就是用事实说话，胜于雄辩和恳切。“诚于中，必能形于外。”真诚在内心就是纯净无染，表现于外在就是真实不虚伪、率真自然；真诚自然心怀坦荡，正直无私。因此，真诚的心就像阳光雨露，能温暖人心，净化心灵。真诚，是春光里的繁花，夏天的阴凉，秋天的金黄，寒冬的阳光；是永远的希望。人与人之间的相处是靠心灵的沟通和慰藉，多一点儿真诚，少一点儿伪善，我们的社会将会更加和谐。

真诚为你开一盏绿灯

有一句话叫作：以诚待人，无往而不利。

庄子曾经说过：“真者，精诚之至也。不精不诚，不能动人。故强哭者虽悲不哀，强怒者虽严不威，强亲者虽笑不和。真悲无声而哀，真怒未发而威，真亲未笑而和。”当你以一颗谦卑、真诚的心去对待别人的时候，你会发现，真诚能为你打开一盏绿灯，使你一路畅通无阻。

张良是西汉初期的一位名臣，年少时曾在下邳（今江苏邳州西南）居住。“张良拾履”是一个很有名的历史典故。

有一天，张良散步时碰到一位衣衫破旧的老人。老人突然脱掉脚上的破鞋子，将它们扔到了桥下，并命令张良去桥下替他捡回鞋子。张良虽然很生气，但想到老人年事已高，身体不灵便，便强压着怒火，到桥下为老人取来了鞋子。谁知道老人并未感激他，反而伸出脚，很傲慢地对张良说：“把鞋给我穿上！”张良强忍着怒气，心想既然已经为他拾了鞋，就好人做到底吧！鞋子穿好后，老人笑着说：“孺子可教也，五天后天刚亮时，你到这儿来等我。”

五天后，张良来到桥上时，老人早已等候在那里了。老人生气地说：“你怎么能比老人还晚到，太没礼貌了。过五天你早点儿来等我！”

一连三次，张良都比老人晚到，他惭愧不已。第四次，张良半夜就来到桥头等候。老人来后，高兴地送给了张良一本《太公兵法》，希望张良能实现自己的远大抱负。后来，凭借从《太公兵法》中学到的知识，张良协助刘邦开创了汉朝，立下了汗马功劳。

故事中的张良最终以自己的真诚打动了那位刁钻的老人，获得了他的认可。因为有这一份真诚和善良，在一次次被刁难的过程中，张良都没有放弃。精诚所至，金石为开。能如此对待一位老人，也能善待天下苍生，老人这才放心将攸关天下的兵书交到他手上。

《杜拉拉升职记》中的主人公杜拉拉，也是凭着自己一颗真诚的心，在复杂的职场环境中，赢得了同事们的尊重和对她工作的支持。她待人简单，不矫揉造作，从几乎一无所知的小丫头成长为干练的人力资源总监，“真诚”为她的职业生涯开辟了一条相对平坦的道路。

诚信为本

诚信是有边际的。当你的行为一次次超过了限定的边际时，你就很难再回头。因为你已经失去了别人对你的信任。这种信任，用金钱买不回，用忏悔拉不回，你付出的是沉重的代价。正因为如此，很多百年老店的经营理念中都有这样一条：诚信为本。

日本大企业家小池说：“做生意成功的第一要诀就是诚信。诚信就像树木的根，没有根，树木就不会有生命。”

但是，近几年来，南京冠生园、“蓝田股份”、美国的安然、世界通信的会计丑闻……太多的关于诚信的负面报道出现在我们的眼前。

一个人要想赢得大家的认可，诚信是根本。一个企业要想做好、做大，诚信永远是其不变的法则和制胜之道。无论是做人做事，都请谨记这一条。

三国时期的吕布虽然是一员猛将，却是背信弃义之徒。他一开始追随并州刺史丁原，并认丁原为义父。丁原公开与董卓作对。为了除掉丁原，董卓用重金收买吕布，使吕布杀了丁原，并给吕布封授官职。然而，董卓生性多疑，并不信任吕布。而吕布与董卓的侍女有染，唯恐董卓发觉，心中一直不安。

董卓专权遭到天下起兵声讨，王允等人密谋除掉董卓。他们深知吕布的勇猛，若想达到目的，必须收买吕布。于是，王允许诺给吕布金钱、官职和美女。在巨大的利益诱惑下，吕布再次翻脸不认人，找准机会刺杀了董卓。

董卓死后，各路英雄豪杰并起，天下大乱。吕布出逃京城，投奔颇有实力的袁术。袁术不满他纵容手下兵士抢掠，不愿接纳。吕布又投奔袁绍。袁绍深知吕布不讲诚信，忘恩负义，从不敢给他实权。尽管吕布协助袁绍大破黑山军（河北的农民起义军），袁绍也不肯分给他一兵一卒。自此，吕布与袁绍反目。

凭借自己的勇猛，吕布总算在下邳（今江苏下邳）占据一席之地。面对来势汹汹的曹操大军，吕布有勇无谋，不采用谋士的计策，手下的将领又互相猜忌，军心不稳，人心不齐，最终失败。吕布主动要求手下人把自己捆起来，送到曹操那里去请赏。

见了曹操，吕布说道："您得到我，让我率领骑兵，您统领步兵，就可以一统天下了。"曹操深知吕布威名，正在沉思。刘备插话道："您看见吕布是如何侍奉丁建阳（即丁原）、董太师（即董卓）的吗？”曹操遂下决心杀掉吕布。吕布最终吞下了自己背信弃义的恶果。

善意的谎言背后是一颗真诚的心

真诚，是要把真实的想法告诉别人。但是，真诚并不等于不假思索地把自己的感觉和想法说出来，并不是毫无保留地互相袒露。

有时候，善意的谎言背后也是一颗真诚的心。一位母亲已经病入膏肓，但儿子却在遥远的边疆地区戍守。母亲无比思念唯一的儿子，却叫身边的人一定要瞒住儿子，在他任务结束之前，无论如何不要因为家里的情况而分心。因此，每次儿子来电话，家人总是告诉他，家里一切安好。

这位母亲带着善意的谎言最终孤独地离去。没有任何人指责她的欺瞒，因为在她的谎言里，大家读到的是一位母亲的无私和博爱，这种情感无比真诚。

在美国短篇小说《最后一片叶子》中，身患肺炎的穷学生琼西看着窗外对面墙上的常春藤叶子不断被风吹落，她说，最后一片叶子代表她，它的飘落，代表着自己的死亡。

一个画家听完她的讲述之后，在暴风雨之夜，用画笔精心勾画出一片绿叶，将这片绿叶装饰在那棵生命之树上。于是，这片绿叶带给了琼西生的希望。

当你面对一个重病之人的时候，即使你明知他活不了多久，还是一样要跟他说：“放宽心，好好休息，你一定会好起来的。”当你年迈的母亲在千里之外通过电话问你过得好不好的时候，纵使有千种万种的委屈，你说出口的时候也是：“妈，我过得很好，您放心。”

你不肯将你真实的想法和感觉说出来，并不是你因为某些利益而欺骗别人，而是你在心底为你的至亲和朋友担忧，体现的是你成熟的思想和细腻的感情。这种真诚，甚至比“程门立雪”和“三顾茅庐”更为可贵。

海纳百川，有容乃大

著名作家房龙在他的名著《宽容》中曾经引用《不列颠百科全书》中关于宽容的定义：宽容即允许别人自由行动或判断，耐心而毫无偏见地容忍与自己的观点或公认的观点不一致的意见。“泰山不让土壤，故能成其大；河海不择细流，故能就其深；王者不却众庶，故能明其德。”从古至今，关于“宽容”的格言比比皆是。

无“度”不丈夫

我们常常用“宰相肚里能撑船”去赞美一个人的大度，古往今来，大度一直是一种令人敬佩的高尚人格，有度量的人都能够站在他人的立场和角度去考虑问题，用善意的态度和方式去与人沟通、相处。一言以蔽之，即是以容己之心容人、以度己之心度人、以爱己之心爱人。

美国王牌飞行员胡佛，在一次试飞新式战机的任务即将完成时，引擎突然熄火，飞机急速下坠，仪表盘上的警报红灯全部亮起。面对死神的威胁，胡佛最终以冷静的头脑和精湛的驾驶技术战胜了这次意外的挑战，使飞机安全着陆。当人们一窝蜂地拥向这位英雄的时候，走在最前面紧紧拥抱胡佛的是一位浑身颤抖、泣不成声的机械师戴维。原来，这次故障是因为他的一时疏忽，错把轰炸机的油料加进了战斗机，差点儿酿成了一场机毁人亡的惨剧。

令人意外的是，胡佛并没有气愤地用拳头挥向这个粗心大意的伙伴，却伸出双臂紧紧拥抱戴维，表示了极大的谅解并赶忙安慰他说："一切都过去了，不要因为这次无意的过错而自责，我相信你，以后只要是我飞行，希望我们还能继续合作！"胡佛就是这样一个宽容大度的人，即使是因为戴维的疏忽大意使自己差点儿送命，他也没有丝毫的生气和愤怒，因为他做到了以容己之心容人，善待犯错的人，从不记恨、从不埋怨。胡佛鼓励的话语就像是一团温柔的亮光，温暖了戴维的心。大度不仅可以让犯错的人迷途知返，还能在关键时刻发挥消弭争端的作用。

世界著名拳王乔·路易当年叱咤拳坛，是打遍天下无敌手的高手。有一次，乔·路易和朋友一起开车外出游玩，车在行驶过程中因为急刹车的缘故，与后车发生了小小的碰撞。

乔·路易当时没有放在心上，认为这是一件小事，完全可以通过双方协商处理。可是没想到后车车主火冒三丈地跑来和乔·路易算账，并大声责骂乔·路易不会开车，他挥舞着拳头，大有准备扑过来将乔·路易打个稀巴烂的架势。

乔·路易的朋友见到此人如此蛮不讲理，以为乔·路易会毫不客气地揍他一顿，给他点儿颜色瞧瞧，没料到乔·路易只是一个劲儿地赔礼道歉，一点儿也没有反抗。愤怒的司机叫骂了一阵子，自觉无趣就离开了。

对此，乔·路易的朋友大为不解："面对这么野蛮的人，你为什么不用你的拳头给他点儿教训呢？"乔·路易笑笑说："如果有人侮辱了帕瓦罗蒂，那帕瓦罗蒂是不是也应该为对方高歌一曲呢？"

乔·路易真是让人刮目相看，最擅长武力的他在日常生活中却是如此宽宏大度、温文尔雅！他不仅是一个成功的拳击手，还是一个成功的仁人君子，因为乔·路易做到了以度己之心度人，在幽默的大度中，他收获了所有人的尊敬。度量并非天生，而是后天依据德行而生发的一种品性，所以大度往往体现着一个人的德行。在历史的长河中，大多功成名就的人都具有宽宏大量的美德，而心胸狭窄、小肚鸡肠的人都以失败告终。可见，大度是走向成功必不可少的素质。

周总理有一次在刮胡子时，因为突然咳嗽了几下，身体震动，理发师手中的刀子一不小心把周总理的脸给刮破了。理发师紧张得浑身发抖，以为自己肯定要受到责罚和批评。但周总理并没有责怪他，反而笑呵呵地对他说："不要害怕，错不在你，都怪我咳嗽前没有跟你打招呼。"通过这件小事，我们看到了周总理身上宽容大度的美德，他爱民如子般的亲切和蔼，让人分外感动。他时时刻刻都以爱己之心爱人，用宽大的胸怀包容了所有人的缺点和错误，展现了一代伟人的风采。

我们常说“量小非君子”，气度狭小的人常常容忍不了别人的半点错误，常常为了别人无意中的一句话、一个动作甚至一个眼神而耿耿于怀。可是生活中有太多的琐事会让我们生气抓狂，如果因为一点儿鸡毛蒜皮的小事就大动干戈，那我们活得该有多累啊！为什么不试着大度一些，哪怕是一点点的让步，也会有化戾气为祥和的神奇效力。

“泰山不让土壤，故能成其大；河海不择细流，故能就其深。”大度，犹如上善若水般承载万物，大度不是软弱，不是无能，更不是助纣为虐。大度是一种与爱有关、无私无畏的精神，每一个大度的人都值得我们学习和尊敬。

大度是一种豁达的人生态度，是一种轻松愉悦的为人处世方式，更是拉近人与人之间距离的神奇力量。拥有它，你就会收获如诗如画般美丽的人生绿洲。

宽容是一种成长的力量

一位刚走上工作岗位的年轻小学教师，在课堂上发现一个学生正低头在一张纸上画老师的脸谱，他当场收缴了这张纸。这个孩子当场写下了“老师不的号死”的纸条。

下课时，当老师从孩子的同桌那里拿到这张纸条的时候，这个孩子吓得直打哆嗦。谁知道，老师将他叫到办公室后，并没有严厉地批评他。

老师耐心地教育他，上课应该认真听讲。同时，还称赞他的脸谱画得不错。最后，指出他的纸条上的两个错字。“的”应为“得”，“号”应为“好”。

孩子低着头，一句话不说。但从此以后，他再也不在课堂上捣乱了。

这位老师用智慧宽容了一个孩子的错误，也带给了他一种成长的力量。因为老师的宽容和感化，这个孩子在这位老师课堂上的行为较往日有了很大的改变。同样，他能将这种改变带到其他课堂上，进而带到学习和生活中。宽容，给了曾经有过错误的人们一次改过和成长的机会。

宽容是一种仁爱的光芒。

宽容，重要的是“容人”，它是“容事”“容己”的基础。在“容人”的过程中，你付出的是点点爱心。

罗丹曾经说过：“把爱拿走，世界将成为一座坟墓。”宽容，是一种崇高和无私的爱。在婚姻和爱情中，它体现得尤其明显。宽容，成为爱的精髓。

有一对非常恩爱的夫妻。在他们五十年金婚纪念日的时候，老太太向前来道贺的朋友们讲述了自己让婚姻永葆青春的秘诀。老太太说：“结婚时我便向他承诺过，他可以有十大类的错误，以后只要是犯了这十大类错误中的一项，我都可以原谅他。”

有人问：“那十大类错误是什么？”

老太太笑着说：“事实上，我从来没有仔细列举出这十大类错误，每次老头子犯错误了，我就当作他犯的就是那十大类错误之一，然后说服自己原谅他，下次他就会注意了。”

人生的漫漫旅程中，每个人都会犯各种错误，而任何两个人之间都会有产生摩擦的时候。有情，有责任，有宽容，爱才能长久。

宽容是有底线的

一对父子在讨论《红楼梦》人物的时候，有过这样一段对话。儿子对临近退休仍是一个国家机关小职员的父亲有些不满：“如果您能像薛宝钗一样，对人宽容一些，少说些得罪人的话，少干些让别人不高兴的事，就不会是现在这个样子了。”父亲严肃地对儿子说：“你根本就不理解什么是宽容，薛宝钗那是做老好人，是圆滑的处世哲学，说难听了，是没责任没原则！该宽容的时候宽容，不该宽容的时候绝不姑息。”

宽容是有底线的，无限的宽容只会让有错的人感觉不到自己的过错，进而失去教育的意义。

联合国教科文组织1995年第28届大会通过的《宽容原则宣言》中说：“宽容是对我们这一世界丰富多彩的不同文化、不同的思想表达形式和不同的行为方式的尊重、接纳和欣赏。”

宽容不是纵容。

青少年的犯罪案件越来越多。有学者研究指出，这与孩子从小所受的教育密不可分。作为整个家庭的核心，很多独生子女受到父母以及家中老人的过分宠溺。

云南省原省长李嘉廷之子李勃2003年因巨额受贿案入狱。这位“公子哥儿”利用父亲的权势，在大学毕业后的6年间，就受贿达1550万元。

戴着手铐的李勃，在狱中作了忏悔。他说，自己对父母的感情很深。但对自己犯罪的根源，他归结于父母的关爱太甚，对自己的疯狂贪欲和一次次的错误行为，非但没有及时阻止，反而默许并为其提供各种方便。

李勃说，是父母的纵容让我欲壑难填，最终走上歧途。

从李勃的成长历程来看，他的父母确实够“宽容”了。儿子第一次利用父亲的权势在外面捞钱时，父母视而不见，反而为其提供更多的便利。一次又一次的视而不见，最终助长了李勃的贪欲并走向极端。看完这个故事，请你记住：宽容是给犯错的人一次机会，纵容却是在明知是错误的情况下，还允许对方一而再、再而三地去犯错误。你需要有一颗包容的心，但万不可纵容他人和自己。

宽容是有原则的

诸葛亮“七擒孟获”的故事让很多人感叹孔明先生的包容之心。然而，街亭一战后，同是孔明先生，面对自己十分器重和赏识的将领，纵使心如刀绞，却依旧“挥泪斩马谡”，亦成为千古奇谈。

七擒孟获，是以宽容之心感化这位异族的首领，这是宽容。而马谡明知战略要地街亭之重要，却不听从指令，骄傲轻敌，使得战局骤变，最终街亭失守，迫使蜀军退回汉中。前者是对手，后者是爱将，想来诸葛亮内心是更想宽容马谡的，但这位爱将却触碰了他最后的底线，在原则面前，诸葛亮最终“六亲不认”。

当你的朋友触摸到道德的底线和法律的原则时，你一再地宽容便将成为纵容和包庇。

今天，你宽容了吗?

1995年11月16日，联合国教科文组织第28届大会通过决议，宣布每年11月16日为“国际宽容日”。

如果你想拥有良好的人际关系，如果你希望生活更多一点儿和谐，那么，其实每天都应该是“宽容日”。

如何才能做到宽容？“宽容”两字说起来并不困难，做起来却并不容易。

房龙在《宽容》一书中写道：“偏见和优越感，加上怀疑和恐惧，会把最谦卑温和的人变成畜生，变成和宽容不共戴天的敌人。”这里点出了很多和宽容相悖而行的性格特征，除此以外，我们还有更多需要努力的地方。

做一个宽容的人，多为别人找理由。有人说，你很快乐，并不是因为你得到很多，而是因为你计较得少。少计较，多为别人的过失找理由，能让你的心变得宽广。

有一个姑娘想开自己的钢琴演奏会，为了扩大影响，她在海报中号称自己是著名钢琴艺术家李斯特的学生。在她开音乐会的前一天，李斯特竟然找到了她。这位姑娘非常紧张，生怕李斯特会大发雷霆，便哭着跟他解释，冒称他的学生只是为了生计，请求他的原谅。

但李斯特并没有责怪她，反而拍拍她的肩膀说："你已经是我的学生了，明天要好好表演，一定要相信自己。"第二天，那位姑娘的音乐会非常成功，李斯特本人还在最后亲自弹奏了一曲。

在被朋友问及这件事情的时候，李斯特一笑了之："那位姑娘说得对，她只是为了生计，无心为之。"

西班牙有一句名言："智者尊重每一个人，因为他们知道各有所长，也明白成事不易。"多站在别人的立场上想问题，多为别人找理由，你将拥有非凡的气度。

做一个宽容的人，要学会遗忘

公元24年，刘秀与王郎争夺河北，刘秀屡战屡败，形势危急。刘秀的部下中有不少人悲观失望，暗中写信给王郎，希望能为自己留一条后路。

刘秀获得援兵襄助后，战事顺利推进，最终攻克邯郸城，打败了王郎。在邯郸城里，刘秀"收文书，得吏人与郎交关谤毁者数千章"，他却"不省，会诸将烧之，曰：'令反侧子自安。'"

后来，这其中的很多人都成为刘秀政权统治中的中坚力量。一把火，刘秀烧掉的是通敌的书信，埋葬的却是对部下的不信任。将这些错误遗忘，是为了给过错者一个改过自新的机会。如若没有遗忘，便不会再有信任，也不会有后来这些士兵们的奋起和感恩。

做一个宽容的人，将别人的反对化作你前进的动力。

三峡工程大江截流成功时，记者曾经采访著名水利工程学家、三峡工程验收专家组组长潘家铮。

记者问潘老：“您觉得谁对三峡工程的贡献最大？”

这位一辈子倾心于中国水利事业的老人回答：“那些反对三峡工程的人对三峡工程的贡献最大。”老人说，正是因为这些反对者的存在，才让三峡的建设者们保持清醒理智的头脑，再三思考他们提出的反对意见，汲取精华，做事更周全，出错的概率就更小。

很多人听完这个故事后肃然起敬。宽容别人是需要勇气的，能够吸纳别人的不同意见并将其化作自己工作前进的动力，这更是需要智慧和精神的修炼，这也是宽容的另一重境界。

用幽默来提升人格魅力

幽默是情商的重要组成部分，是一种特殊的情绪表现，富有幽默感的人通常拥有乐观、积极的人生。西方人尤其是美国人特别重视幽默感，他们可以不在意有人说自己无赖或者奸诈，却不能容忍有人评价自己“没有幽默感”。美国“二战”时期的著名将领麦克阿瑟将军曾经这样虔诚地念祈祷文：“神啊，请赐予我儿子充分的幽默感……”由此可见，幽默在我们的生活中扮演着多么重要的角色。

人际交往的润滑剂

心理学家认为，幽默是一种最有趣、最有感染力、最具有普遍意义的传递艺术。在人际交往中，幽默常常成为你进行社交沟通的桥梁和润滑剂。

人际交往中有很多尴尬的时候，需要用幽默来化解。它经常是应对窘境的最佳选择。

北宋文学家石曼卿，人称“石学士”，生性潇洒豪放，常借酒遣性。有一天，他从报慈寺坐马车出来的时候，马突然受惊，把他摔到了地上。他的侍从们非常紧张。石曼卿慢慢地站起来，轻轻拍打了一下马，对牵马的人说：“幸亏我是石学士啊，如果我是瓦学士，那不就摔坏了吗？”

石曼卿的一句话，缓解了当时紧张的气氛，也给了自己一个台阶，这件尴尬事就这样烟消云散了。曲径通幽，适时的幽默在人际交往中，还能婉转地传达批评之意。

一位曾经给出版社送过诗稿的年轻小伙子找到编辑，问他：“您读过我的诗稿了吗？”编辑笑着说：“读过了，在你出生前我就读过了。”他反问年轻人：“这是你自己写的诗吗？”小伙子点点头：“当然都是我写的！”编辑很激动地握着他的手说：“那我太荣幸了，还能跟普希金先生见面！”小伙子涨红了脸，再没说话。

故事中的编辑没有板起脸孔教训这位明显抄袭的年轻人，而是以幽默的话语提点他，避免了彼此的尴尬，呈现了一种温和的批评。

这就是人际关系中幽默的魅力。当同事间剑拔弩张的时候，一个小小的幽默可能改变气氛，化干戈为玉帛。当夫妻之间“冷战”的时候，一个小小的幽默可能会打破僵局，带来爱的暖意。当朋友间产生矛盾的时候，一个小小的幽默可能成为矛盾的调和剂，可能让你的错误得到别人的谅解。

幽默胜于雄辩

生活中，我们常常遇到这样的情况：双方争论某个问题的时候，一方争得面红耳赤，而另一方却只用几句幽默的话便将对方说得哑口无言。在人际交往中，戏谑性的幽默往往具有调节气氛、化解矛盾的作用。但严肃的、进攻性较强的幽默则往往有甚于辩驳的功效，即使从形式上看是让步了，但实际上却夹带着强大的攻击力。

大文豪歌德有一天去公园散步。在公园的一条小路上，迎面走来了一位曾经对他的作品提出尖锐批评的评论家。这位评论家走到他面前，很蛮横地大声说："我是从来不给傻子让路的！"歌德也不生气，笑着退到一旁，摘下帽子，弯了弯腰，对着他说："我正好跟您相反。"

在这两个人的接触过程中，歌德没有任何激烈的言辞，相比那位评论家，他实在是显得太低调和宽容了。但他说的那仅有的一句话，却以幽默的形式深深击中了评论家的痛处。这一句话，比任何的高声争吵都来得有效，并且淋漓尽致地显示了一位绅士的风度，不可谓不高明。

有个球技并不好的人总是爱吹嘘自己乒乓球打得好。他总是跟他的朋友说："我可是拿过乒乓球赛亚军的！"有一天，他的朋友终于忍不住了，反问他一句："我想，那场比赛只有两个人吧？"这个故事里，如果他的朋友直接反驳他球打得并不好，未免生硬和尖刻，并且很容易引起对方的厌恶。而换用幽默的一句话，不仅达到了否定对方所说的话的目的，其隐晦的讽刺也透露出机智。由此可见，幽默不仅是人际交往的润滑剂，还可以淡化人们的消极情绪，化解尴尬。当你遇到对手的时候，它也是辩论的利器。

幽默是一种领导艺术

美国前总统林肯的相貌并不出众。有一次，反对派在他的演讲结束后，公开指责林肯是“两面派”。

林肯笑着说：“现在，让观众来评一评。如果我有另一副面孔的话，我还会带着现在的面孔出现吗？”

相貌不讨人喜欢原本是身为总统的林肯的一大劣势。但林肯却借机以幽默的语言来驳斥反对派对他的攻击，不掩饰，不做作，不仅展现了他的真诚，拉近了与民众的距离，更是以最小的成本对反对派进行了有力攻击，展现了良好的素质和高超的领导能力。

英国首相丘吉尔也曾经在一次公开演讲中被人置于尴尬境地。在他的演讲过程中，台下递上来一张纸条，上面只有两个字“笨蛋”。

明眼人都知道这是在故意嘲笑和侮辱丘吉尔。丘吉尔却不慌不忙地等到演讲快结束的时候，对着台下大声说：“刚才我收到了一张纸条，但是很遗憾，那人只留下了署名，竟忘了写正文内容了。”

一句话，却化解了所有的尴尬，也令这张纸条的主人哭笑不得，无以应对。

此时，我们不得不承认，幽默也是一种领导艺术。无论是偷换概念，通过对自己的取笑反击对手，还是答非所问，以假借形式表达自己的不满，他们都利用幽默，在公众面前展示了自己的机智，尤其是快速应变能力，博取了公众的信任。这种幽默之术无疑比任何公关都来得有效。

寻找幽默生长的土壤

幽默感是天生的吗?

研究学者告诉我们，不是。人的幽默感大约三成与生俱来，其余七成则须靠后天培养。

因此，幽默并不是只有聪明的人才能驾驭的语言技术。只要找到合适的土壤，你的幽默也能生长、开花、结果。

要想成为一个懂得幽默的人，首先要博览群书。

广博的知识是一个人拥有幽默感的重要基础。很多时候，幽默感来自于典故的引用、类比等。

李渔《闲情偶寄》中记载了这样一个故事。汉武帝的人中很长。有个看相的人就对他说："人中长一寸，可以活百岁。"东方朔听到后，忍不住笑出声来。汉武帝非常生气，问东方朔："你这是在嘲笑朕吗？"东方朔不慌不忙地说："我是在笑彭祖。人中长一寸可以活百岁，彭祖活了八百岁，那岂不是长八寸了，人中都长八寸，那脸该有多长啊！"汉武帝听后，也大笑，不再追究东方朔。

很多幽默，都是在典故、谚语的基础上生发开的。如果没有宽广的知识面，就没有幽默的基础。因此，广泛涉猎，丰富自己的知识储备，才能出妙言，出奇语，提升自己的幽默感。要想让幽默细胞充盈身体，还要保持自信。

自信和幽默是密不可分的。尤其是以幽默对别人进行反击的时候，自信是一种强大的精神支撑力量。

有一位学者个子很矮，但他从来不为此而自卑。他的妻子有一天跟他开玩笑，嘲讽他的身高。这位学者看着妻子笑笑说："矮个子当然也是有很多好处的。比如天塌下来有高个儿的顶着。况且如果不是因为我这不足一米六的身高，我怎么可能著作等身呢？"

听完这位学者的话，应该很少还会有人瞧不起他这个矮个子了。从他的言语中，我们也不难看出，虽然身高问题也可能成为他的困扰，但至少他自己还是信心满满的，这种信心足以弥补他在身高上的不足。

一个真正懂得幽默的人，还要培养洞察能力。

大部分幽默的人，都有着深刻的洞察能力。因为很多的幽默都是从细节中捕捉到进而发散开的，没有敏锐的观察力和快速思考能力，很难看清事物的本质，也很难将现实的细节与脑子中储备的知识完美地结合起来。

一位妻子对丈夫说："我假期要去旅游一次。"

丈夫说："你花百分之一的钱去买本旅游的书或者杂志来看，又开眼界又省钱。好啦，别瞎想了，快去买菜做饭吧。”妻子回答：“买菜？干吗花那个冤枉钱，买本菜谱看看，不也是又开眼界又省钱吗？”这位聪明的妻子在短短几秒钟时间里，就想到了旅游和看书、做饭和看菜谱两者之间的本质联系，两相比较，让丈夫哑口无言。

提高语言表达能力

幽默在很多时候是一种突破常规的语言表达方式，因此提高自身的语言表达能力对于提升幽默感有着很大的帮助。多听、多说、多读、多写，同时综合运用一些语言技巧，比如大词小用、正话反说、反问疑问等，能较快地提高你的语言表达能力，进而提升幽默感。

在一个多国会议的间歇，一个欧洲国家的外交官问另一个来自非洲国家的外交官：“贵国的死亡率应该不低吧？”这位非洲外交官不卑不亢地回答：“和贵国一样，每个人只死一次。”这个幽默的回答及时挽回了非洲国家的面子，同时也让欧洲外交官陷入无话可说的困境。回答正是运用了语言和文字上的技巧，人家问的是“死亡率”，非洲外交官却成功地用“每个人只死一次”偷换了“死亡率”这个概念，并将自己国家置于和欧洲国家一样的位置上，巧妙地将两个国家捆绑到了一起。

微笑的影响力能够超越一切资本

微笑是一种特殊的情绪语言。有研究认为，4分钟决定两个初次见面的人的印象。很多公司在招聘职员的时候，以面带微笑为第一条件。有的单位按ISO9002的标准出台了《日常行为规范》，要求员工在工作前，调整好自己的情绪，把微笑带给客户。在很多场合，微笑是一把万能钥匙，其影响力能够超越一切资本。

不要拒绝鱼尾纹

虽然说任何事物都有它的两面性，但是对于笑这件事，人们却很难找到它的缺点，因为它是如此神奇，可以令两个陌生人变得亲近，可以表达语言之外的深沉含义，可以让别人喜欢上我们。如果一定要找到一个关于笑的不足之处，那么因为不断收缩肌肉而导致的皱纹也许会是其中最大的罪状。即便如此，有些人依然将这种被称之为“鱼尾纹”的皱纹认为是生活所赐予的礼物。

对于笑容的研究由来已久，虽然人们早就认识到它，但真正从人体学的角度来研究这件事却起源于19世纪。在那个年代，自然科学获得了长足发展，科学家也希望通过科学手段来解析笑容之所以会有如此魔力的根本原因。法国科学家德·博洛尼首先在此领域取得了突破性进展，他采用了电诊法来测探笑容的秘密，也就是使用电流刺激来区分不同的笑容。在这项实验中，德·博洛尼还采用了人体解剖学的一些研究方法，从闻名世界的法国断头台下得到了那些罪犯的头颅，并分析面部肌肉的收缩方式。虽然这种研究方式显得有悖于笑的真意，但德·博洛尼却因此而将这一研究带进了一个新的境界。

通过对面部肌肉收缩的研究，科学家将不同角度收缩的肌肉所带来的不同笑容进行分类，从而将人们常见而又最无法琢磨的笑容界定出了不同的内容。基本上，控制笑容的肌肉有两个部分，第一个部分是以颧肌为主的肌肉组织，它们的主要作用是通过将嘴唇收缩起来，达到嘴巴微微咧开的目的。颧肌的收缩可以让面颊得到提升，这样的笑容幅度较大，牙齿会露出，而肌肉的收缩可以一直达到眼角部位。第二个部分的笑容控制肌肉则主要分布在眼睛附近，由眼轮匝肌担任主要角色。当眼轮匝肌慢慢收缩时，眼部周围的肌肉会随之出现一些变化，眼睛会因此而变小，随着程度的不同，眼角也许还会出现一些鱼尾纹，这也就是人们常常说的“会笑的眼睛”。

微笑会说话

人类选择用微笑作为自己最重要的身体语言，与人类被这个世界选择是一样的道理。能够适应地球的环境变化，不断改进自己的身体机能，让自己不至于灭绝甚至更趋于繁荣。而微笑也正是由于它不断传递着友好的信息，让周围的人感受到了这种表情的能量和影响力，才被选择成为最常驻于面部的一种表情。当一个人微笑的时候，周围的人会更愿意接近他，会为他提供更多的便利，因为人们能从他的脸上读到一句话——“嗨，我们是朋友！”

作为全球政治影响力最大的人物之一，弗拉基米尔·普京是一位极具传奇色彩的总统，他在俄罗斯执政的那些年让全世界都为他的表现喝彩。在赞叹的同时，人们发现普京虽然身高不高，却非常有威严。这也许和他的个人能力、气质以及经历有关系。曾经担任过苏联特务机构克伯格特工的普京身上也许真的带有传说之中的杀气，不过当人们第一眼看到他的时候眼光多停留在他的脸上，因此让普京更具威严的最可靠分析应该是他不苟言笑、一贯严肃的表情。

不仅普京很少笑，很多政治人物在公众场合都会选择缄默不语或者眉头紧锁，这种表情让他们显得心事重重，同时也让周围的人不敢轻易去打扰或接近他们。严厉是政治人物形象的一个重要标志，但对于普通人来说，我们还是渴望自己可以多一些朋友，让别人觉得我们更加具有亲和力。在现代社会要想获得成功，亲和力已经成为重要的影响因素。所以，在还没有踏上仕途或者成为普京这等人物之前，我们最好让自己的脸上多一些笑容，多一些阳光，也就多一些获得成长的机会。

微笑是最好的名片

2008年，一首《微笑北京》在奥运之城北京传唱。歌中唱道："微笑吧，北京！真情无限。志愿者的微笑是北京最好的名片。"奥运会结束后，很多城市都提出"微笑是城市最好的名片"。对于一座城市来说是如此，对于人来说更是如此。

有一个富翁因为家庭生活的不如意而心生烦恼，独自走在大街上。在街边，他看到一个穿着破旧衣服的十来岁的小男孩，在垃圾桶旁边小心翼翼地捡起行人扔在里面的瓶子。富翁停下了脚步，用怜悯的眼光注视着小男孩，这个小男孩竟然抬起头，露出了一个灿烂的笑容，这令富翁心中一颤。第二天，这个富翁找到小男孩的家里，主动表示愿意出钱为小男孩重病的母亲治病，并资助小男孩完成大学前的学业。当别人问他为什么要资助一个仅有一面之缘的孩子时，富翁说："他昨天的微笑打动了我，在那么艰难的条件下，他还能笑得那么纯真和不屈，他比我强，以后肯定有出息。"

一个微笑，就是那个小男孩最初的名片。也是这一个微笑，让富翁看到了淳朴的孩子身上的坚强、生机和希望，也缓解了他自己内心的不适和苦恼。因此，与其说是他帮助了这个孩子，不如说是这个孩子的微笑帮助他走出了心理困境。

一个中国小伙子去塞浦路斯留学，因为不懂当地居民所讲的希腊语，找工作的时候遭遇了很多困难。就在他快要放弃的时候，一家酒店的老板突然给他打电话，告诉他公司准备录用他了。他很诚实地告诉这位老板自己不会说希腊语。

老板回答说：“我对你了解并不多，但是你见到我和回答我的问题的时候，始终面带微笑。”因为这个微笑，老板愿意给他一个尝试的机会。在最初工作的日子里，这个小伙子因为语言不通，也犯了不少错误，但是他真诚的微笑，最后都赢得了顾客的谅解和支持。为什么人们愿意见到别人微笑?

因为微笑包含了很多的信息，它首先表现的是人的真诚。同时微笑也是自信的表现。即使这个人处于无比的焦虑中，如果他能够面带微笑，证明他依然有坚定的信心和向上的欲望。有了这份坚持，他至少就成功了一半。微笑给人美的享受。心理学家的研究表明，当人们露出悲哀、厌恶、愤怒的表情时，他们的身体也伴随着出现心率变慢和体温下降等生理现象。当人们露出微笑表情的时候，恰恰相反，他们的心率开始加快，体温开始上升，积极情绪多于消极情绪。

你对世界微笑，世界便也对你微笑

某公司的网站主页上有这样一句话：微笑和耕耘是我们的企业文化，微笑是我们对待客户、对待同事、对待挫折的态度。你对这个世界微笑，这个世界就会对你微笑。

从某种意义上说，微笑是一种生活态度。家境贫寒的小女孩跟着母亲在商店里走。孩子看到商店角落里有一个照相的地方，她轻轻地拉拉母亲的手，示意自己很想拍一张照片。

母亲看了看孩子，朝着她摇了摇头。

女孩不死心地站在那儿不动。母亲凑在她耳边轻轻地说：“我们没有新衣服，拍出来也不会好看。”

女孩不以为然，搂着母亲的脖子，说：“没关系的，我的微笑每天都是崭新的，一定会是最美丽的。”听到这句话的摄影师免费为她们拍了一张照片。如这个小女孩所说的，每天的微笑都是崭新的。你对世界微笑，世界便也对你微笑。

自助者天助。如果连你自己都不肯对着自己微笑，还能祈求谁来怜悯你，来冲你微笑呢？生命的旅程中，只要你坚持对别人微笑，纵使你今天的微笑中包含着委屈、辛酸和不解，终有一天，也会苦尽甘来，让微笑真正成为一种习惯。

人处在逆境时的微笑，比一个人欢乐时的微笑，更加美丽和动人。这种微笑，是一种强大的战胜自我的力量。

阿尔米公司是美国钢铁公司和国民制酒公司的一家子公司，吉姆·丹尼尔是公司的负责人。

公司效益日益低下，一度濒临破产。焦虑的丹尼尔最后决定实施一项后来被无数人称道的工程——“笑脸计划”。

他将一张笑脸作为公司的标志，在公司的厂标、信封、电脑、办公桌甚至工人的安全帽上全部贴上笑脸的标签。他自己以身作则，无论走到哪里，无论心情如何，总是露出真诚的微笑。他对全公司的人都说："倘若你看到有谁面无笑容，那就请对他报以微笑吧。"

奇迹出现了，在他的感召下，公司到处都洋溢着温暖和温馨的气氛，员工的精神面貌焕然一新。在几乎没有增加投资的情况下，整个公司的经济效益提高了80%。

笑脸和公司效益，这本是风马牛不相及的两件事。但在丹尼尔的努力下，硬是用几乎可以称之为零成本的微笑拉动了整个公司效益水平的提升。微笑管理，让管理者更有魅力，让团队环境更温馨，也让经济效益来得更快。

对于聪明的经营者来说，微笑在企业中是一种力量，是不可小觑的生产力。

"三米微笑"原则在很多MBA案例中都曾经讲到。它最早出现在沃尔玛，是一项特殊的微笑培训。沃尔玛的创始人山姆·沃尔顿先生给公司留下的一笔宝贵财富便是这条服务顾客的秘诀。他提倡："每当你在三米以内遇到一位顾客时，你会看着他的眼睛与他打招呼，同时询问你能为他做些什么。"

后来，医院、航空、银行等各个行业都开始流行这个"三米微笑"原则，并收到了良好的效果。

一家百货公司的老板说过一句非常经典的话："我宁愿雇用一个每天带着微笑上班的人，即使她是一个连高中都没有毕业的女孩，也不愿意雇用一个带着扑克脸的博士。"

所以，从今天起，请你带着微笑去工作吧。

超级自控力：
管好自己就成功

特邀审校：百川校对
封面设计：夏　鹏
版式设计：孙阳阳
文字编辑：李国斌
美术编辑：周邦雄
插图绘制：宫凯波